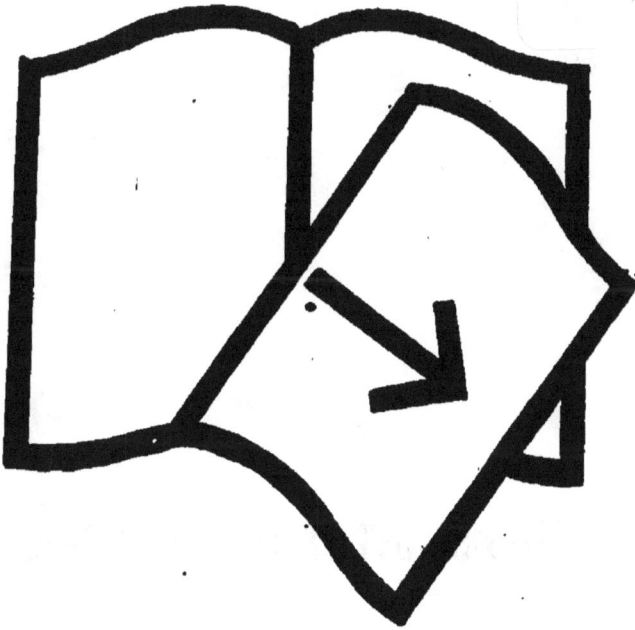

Couvertures supérieure et inférieure
manquantes

ÉTUDES ANTHROPOLOGIQUES.

Paris.—Imp. de Cane et J. Dumaine, rue Christine 2.

ÉTUDES ANTHROPOLOGIQUES.

CONSIDÉRATIONS

SUR

LE CULTE ET LES PRATIQUES RELIGIEUSES

DE DIVERS PEUPLES ANCIENS ET MODERNES;

CULTE DU PHALLUS; — CULTE DU SERPENT.

PAR J.-CH.-M. BOUDIN,

Médecin en chef de l'hôpital militaire Saint-Martin, Officier de la Légion d'honneur,
Commandeur de l'ordre de François-Joseph d'Autriche,
Officier de l'ordre des Saints-Maurice et Lazare,
etc.

*Dis moi ce que tu crois, je te dirai ce que
tu fais.*

PARIS

LIBRAIRIE DE LA MÉDECINE, DE LA CHIRURGIE ET DE LA PHARMACIE MILITAIRES

VICTOR ROZIER, ÉDITEUR,

RUE CHILDEBERT, 11.

Près la place Saint-Germain-des-Prés.

1864

ÉTUDES ANTHROPOLOGIQUES.

CONSIDÉRATIONS SUR LE CULTE ET LES PRATIQUES RELIGIEUSES
DE DIVERS PEUPLES ANCIENS ET MODERNES.

L'étude des religions est une branche de l'anthropologie. — Grande
extension du culte phallique dans l'antiquité. — Culte en Égypte;
l'obélisque n'est que la figure gigantesque du phallus; culte dans
l'Inde, au Tibet, en Grèce, à Rome, dans les Gaules, en Espagne, en
Germanie, en Scandinavie, au Mexique, au Pérou, à Haïti. — Traces
du culte phallique dans l'Europe moderne. — Erreur de l'interprétation symbolique. Le phallus n'est pas symbole, mais dieu ou véhicule de la divinité. — Ce culte a été enseigné par les oracles; preuves
à l'appui.

Un des philosophes les plus éminents de l'antiquité a
défini l'homme un animal religieux. « Il n'est, en effet,
« aucun animal (1), hormis l'homme, dit Cicéron, qui ait

(†) Le bouddhisme seul passe pour avoir tenté de transmettre ses
dogmes à la brute. L'auteur d'un ouvrage tibétain, traduit en langue
mongole, et du mongol en français par Klaproth, et qui traite de l'origine des progrès de la religion de Bouddha dans l'Inde et dans d'autres
pays de l'Asie, raconte le trait suivant : « Lorsque la véritable reli-
« gion de *Chakiamouni* eut été répandue dans l'Indoustan et chez les
« barbares les plus éloignés, le grand prêtre et chef de la croyance
« bouddhiste, ne voyant plus rien à convertir parmi les hommes,
« résolut de civiliser la grande espèce de singes appelés *jaktcha* ou
« *raktcha*, d'introduire chez eux la religion de Bouddha, et de les ac-

connaissance de Dieu ; il n'est point de nation si féroce ni si sauvage qui, si elle ignore quel dieu il faut avoir, ne sache du moins qu'il en faut avoir un (1). » « Vous pourrez, ajoute Plutarque (2), trouver des cités privées de murailles, de maisons, de gymnases, de lois, de monnaies, de lettres ; mais un peuple sans dieu, sans prières, sans serments, sans rites religieux, sans sacrifices, voilà ce que personne n'a jamais vu. »

La religion fait tellement partie des besoins de l'homme, que, plutôt que de s'en passer, on le voit, comme au Boutan, se dégrader jusqu'à adorer et à manger les excréments du grand lama, et jusqu'à se livrer aux orgies et à toutes les obscénités du culte phallique (3).

En résumé, la religion, en élevant l'homme à la civilisation ou en le vouant à la barbarie, étant, en définitive, la plus haute expression de ses aspirations intellectuelles et morales, son étude constitue, de toute évidence, une des branches les plus importantes de l'anthropologie (4). C'est à

« coutumer à la pratique des préceptes, ainsi qu'à l'observation exacte
« des rites sacrés. L'entreprise fut confiée à une mission, sous la direc-
« tion d'un prêtre regardé comme une incarnation du saint *Khomchim-*
« *Botitaso.* Ce prêtre réussit parfaitement et convertit un nombre
« prodigieux de singes à la croyance indienne. »

(1) *De Leg.*, lib. II, cap. 8.

(2) *Adv. Colloten.*

(3) De même que l'œil malade supporte tout excepté la lumière, de même l'esprit malade de la maladie de l'orgueil admet tout, excepté la vérité. En rejetant la raison de l'autorité, l'homme se sépare de l'autorité de la raison, et, au lieu de se rattacher à d'incompréhensibles vérités qui vivifient, il se livre à d'incompréhensibles erreurs qui tuent.

(4) Voici en quels termes s'exprime sur ce sujet M. G. Pouchet (*De l'inégalité des races humaines*, in-8°, p. 94) : « La religion d'un peuple étant la manifestation supérieure de ses tendances intellec-tuelles et morales, on voit que l'étude des religions rentre tout naturel-

ce titre que nous avons entrepris quelques recherches sur les cultes de divers peuples, recherches qui établissent dès à présent et d'une manière incontestable : 1° que la religion est indépendante de toute influence ethnique, car tantôt des peuples de race identique professent les cultes les plus variés, tantôt les races les plus variées et les plus disséminées professent au contraire un culte identique; 2° que la civilisation des peuples, loin de dicter le choix de la religion, est, au contraire, la conséquence de ce choix. En d'autres termes, la religion engendre la civilisation (1) ou la barbarie, mais n'est point leur produit.

Nous commencerons nos études par l'examen du culte phallique chez divers peuples de l'antiquité et des temps modernes.

I. — DU CULTE PHALLIQUE CHEZ LES DIVERS PEULPES.

Peu de cultes ont été aussi répandus, dans l'antiquité, que celui du phallus; on le rencontre en effet dans l'ancienne Egypte, en Syrie, à Babylone, chez les Assyriens, chez les Perses, en Grèce, à Rome, en Espagne, dans les Gaules. On le retrouve, au XVI° siècle, dans diverses parties de l'Amérique, au Mexique, au Pérou et à Haïti; il règne encore aujourd'hui dans une grande partie de l'Inde, et il ne faut pas un grand effort pour en constater des traces évidentes dans plusieurs pays de l'Europe moderne.

Les faits que nous avons à signaler sur la grande exten-

---

lement dans l'anthropologie; c'est une partie de cette étude comparée de l'esprit humain si négligée malheureusement, mais qui commence enfin à prendre une place digne de son importance dans la science. ›

(1) Nous parlons de la civilisation qui se résume dans le respect de l'homme pour l'homme, et non de cette civilisation trompeuse qui se traduit par de gros budgets, par l'exploitation de l'homme par l'homme, etc.

sion du culte phallique, dans l'ancien et dans le nouveau continent, sont loin d'être favorables au préjugé qui tend à considérer les cultes comme étant dans une dépendance plus ou moins intime de la race, ou, si mieux on aime, de l'organisation physique des peuples (1).

Les historiens modernes se sont étrangement trompés, selon nous, en s'obstinant à ne voir, dans le Priape de l'antiquité et dans le Lingam de l'Inde, qu'un *symbole de la génération*. L'homme n'adore pas des *symboles*, et presque tous les peuples ont adoré Priape; des milliers de vierges ont sacrifié à Priape et au Lingam ce qu'elles avaient de plus précieux, et de tels sacrifices ne se font assurément pas à des *symboles*. Autant vaudrait-il transformer en symboles les actes les plus obscènes, actes dont le culte du phallus n'est en définitive que la consécration religieuse.

« Il serait difficile, dit M. Gougenot des Mousseaux (2), à une plume, non point pudique, mais simplement réservée, de retracer les fêtes voluptueuses et les orgies qui souillaient la plupart des régions du vieux monde en l'honneur du bétyle phallus. Ici, parmi les peuples qui le saluaient de leurs hommages et qui lui rendaient un culte divin, l'usage était de le porter en amulettes. Ou bien, aux jours de fêtes, on l'exposait dans des corbeilles, sur les bras de jeunes vierges, honorées du privilége de le livrer aux

(1) Voltaire lui-même s'est moqué de cette opinion que ses partisans modernes cherchent à accréditer; voici comment il s'exprime : « On a cru au polythéisme dans tous les climats ; et il est aussi aisé à un Tartare de Crimée qu'à un habitant de la Mecque de reconnaître un Dieu unique..... La religion chrétienne, née dans la Syrie, ayant reçu ses principaux accroissements dans Alexandrie, habite aujourd'hui les pays où Teutate, Irmensul, Frida, Odin, étaient adorés. » *Dictionn. philos.*, art. Climat.

(2) *Dieu et les dieux*; Paris, 1854, in-8°, p. 312.

regards dans les processions publiques. Ailleurs, dans des cérémonies analogues, on promenait en pompe des figures faites de pâte de sésame et de miel, qui représentaient, à côté de l'organe mâle, le mullos ou le ctéis, c'est-à-dire l'organe femelle qui lui correspond (1). »

Culte du phallus en Egypte.— Hérodote, qui avait assisté aux fêtes égyptiennes, s'exprime ainsi (2) : « Les Égyptiens célèbrent la fête de Bacchus à peu près de la même manière que les Grecs ; mais, au lieu de phallus, ils ont inventé des figures, hautes d'environ une coudée, qu'on fait mouvoir au moyen d'une corde. Dans les bourgs et les villages, les femmes portent ces figures, dont le membre viril n'est guère moins grand que le reste du corps, et qu'elles font remuer. En tête marche un joueur de flûte ; les femmes suivent, en chantant les louanges du dieu. »

Dans l'ancienne Égypte, l'obélisque lui-même n'était, en définitive, qu'une forme gigantesque du phallus ; et cet immense monolithe, dans lequel nos préjugés modernes n'aperçoivent qu'un monument d'embellissement des villes, représentait en réalité, *après la consécration religieuse*, une véritable divinité, rendant des oracles, et, comme le rappelle le P. Kircher, « annonçant à certaines époques « (*certis temporibus*) l'avenir et révélant les choses sa- « crées (3). » La consécration religieuse de l'obélisque,

---

(1) « La Grèce et ses colonies adoraient cet organe féminin et l'appe- laient le *porc*, le pourceau de la femme. Quelques-uns de nos plus célèbres physiologistes l'ont appelé sa bête féroce, bête par laquelle, lorsqu'elle n'a pas été domptée, la femme dévore et se laisse dévorer. La femme alors se métamorphose ; elle est ce que les Latins appelaient une louve, *lupa*, d'où le nom de lupanar. »

(2) *Euterpe*, l. II, sect. 48.

(3) *OEdip. Ægypt.*, synt. 4.

comme celle des autres bétyles, avait pour objet l'incarnation du dieu dans la pierre, ou, pour parler plus exactement, dans le *sommet* de la pierre. « En effet, dit Zoega,
« dans son savant *Traité des obélisques*, on n'adorait jamais
« que le *faîte* des obélisques, parce que l'on croyait que
« c'était un dieu (1). » Selon Cedrenus, c'était à la *pointe*
des obélisques que se produisaient les apparitions; c'est
peut-être ici le lieu de rappeler que l'empereur Julien re-
prochait aux Alexandrins d'aller dormir sur la *pointe* d'un
obélisque renversé, pour en obtenir des songes prophéti-
ques (2). Quant à l'incarnation de la divinité dans la
pierre, qui était l'objet spécial de la consécration religieuse,
elle nous explique la précaution prise par Sixte-Quint
d'*exorciser* le fameux obélisque avant d'en faire un des
ornements de la place du Vatican (3).

« Au moment où l'alliance et la fusion s'accomplirent
entre l'idolâtrie du sabéisme et celle qui renfermait son
dieu dans la pierre, les phases diverses de la pierre com-
mencèrent à prendre et à suivre leur cours sous l'influence
de l'imagination mobile et ardente des peuples voluptueux
de l'Asie. L'une de ces premières transformations fut celle
qui donnait à la pierre, dans la forme du cippe ou du cône
allongé, puis dans celle de l'obélisque, une similitude gros-
sière avec les rayons du soleil; cette forme, devenant le
symbole de l'astre vivificateur de l'univers, représentait en
quelque sorte le dieu principal du sabéisme (4). Nous au-

(1) *De Obeliscis.*, p. 172.
(2) Epître LVIII.
(3) J.-E. de Mirville, *Manifestations histor. des espr. dans l'antiquité profane et sacrée.* 2e Mémoire. Paris, 1864, in-8°, t. IV, p. 48 à 51.
(4) Voir, à l'appui de textes positifs, Pictet, *Sur le culte des cabires
chez les anciens Irlandais.* p. 141. Voir *Pietro della Valle*, t. III, p. 615.

rons donc à distinguer la figure de l'obélisque avec celle du phallus, et cependant nous la verrons aussi se confondre l'une avec l'autre. Car l'imitation souvent adoucie de l'organe mâle de la génération, qui était l'un des symboles du naturalisme, s'allia quelquefois d'une manière tellement étroite et intime avec la forme de l'obélisque, qu'il eût été difficile de discerner l'un de l'autre. Et, dans l'Orient surtout, où la circoncision rendait *verpus phallus* (1), nous avons vu plus d'un auteur donner au même monument, tantôt le nom de cet organe et tantôt celui de l'obélisque. Cependant, ainsi que l'œuf, le phallus eut son règne à part; il eut ses formes obscènes et brutalement exactes, à côté de ses formes abâtardies et adoucies par un reste ou par un retour de pudeur publique. Ces dernières sont, à peu près, celles que nous venons de voir l'Inde moderne nous offrir dans la pierre lingam. Tantôt alors le phallus était isolé et formait, à lui seul, tout le bétyle; tantôt, comme nous le voyons ailleurs, il était un signe, un caractère opposé et marquant au sceau du naturalisme le beth-el, qui revêtait les formes de la pierre carrée, de l'hermès ou de la gaîne (2). »

On voyait des phallus dans les temples de toutes les villes où le culte d'Adonis était en honneur; à l'entrée de celui d'Hiéropolis, on remarquait une petite figure humaine avec un phallus d'une grosseur monstrueuse et de cent vingt coudées de hauteur (3). Deux fois chaque année, un homme montait sur le haut de ce colosse, au moyen d'une corde et de morceaux de bois fixés dans le phallus, et sur

(1) *Verpus* signifie doigt du milieu; c'était une épithète donnée aux circoncis, aux Juifs, à cause de la forme de leur organe.

(2) G. des Mousseaux, *Op. cit*, p. 304 à 312.

(3) *De Ded Syr.*, § 55, p. 129.

lesquels il posait le pied. Cet homme passait, dit-on, sept jours et sept nuits sur ce phallus, sans s'abandonner au sommeil, qui l'eût exposé à une chute mortelle.

On croyait qu'élevé ainsi au-dessus de la terre, et plus voisin du séjour des dieux, cet homme pouvait leur offrir des vœux avec plus de succès : aussi s'empressait-on de réclamer les secours de ses prières, en déposant des dons précieux aux pieds du phallus. Averti, par un autre homme qui se tenait en bas, des dons qui avaient été offerts, et des noms de ceux qui les avaient apportés, il faisait pour chacun d'eux des prières, qu'il accompagnait du son aigre et perçant d'un instrument d'airain (1).

Il est digne de remarque que l'usage dont parle Hérodote subsistait encore au Congo en 1787, époque à laquelle M. de Grandpré (2) y assista à une fête dans laquelle des hommes masqués promenaient processionnellement un énorme phallus qu'ils faisaient mouvoir au moyen d'un ressort.

Denon a signalé la présence de phallus sculptés dans les temples de l'ancienne Égypte; dans le tombeau d'une femme il a trouvé un phallus embaumé, que Dulaure, eu égard à son volume, prétend avoir appartenu à un taureau sacré. Ce phallus était déposé sur les parties génitales de la femme (3).

Il est permis de rattacher au culte du phallus l'usage encore subsistant de nos jours, chez le peuple égyptien, de ne prononcer un serment qu'en touchant les parties génitales. On lit dans une lettre adressée au citoyen Geoffroy, membre de l'Institut d'Égypte, par l'adjudant général Julien, le

(1) *De Ded Syr.*, §§ 28 et 29, p. 113 et seq.
(2) *Voyage à la côte occid. d'Afrique*, t. I, p. 118.
(3) *Voyage de Vivant Denon*, t. III, atlas, pl. xcviii, n° 35.

20 vendémiaire an VII : « Lorsque les mameluks parurent
« à Bahmanyeh, nos avant-postes arrêtèrent un habitant
« du pays. Les volontaires qui le conduisaient prétendaient
« l'avoir vu sortir des rangs ennemis, et le traitaient assez
« durement, le regardant comme un espion. J'ordonnai
« qu'il fût conduit au quartier général, sans qu'on lui fît
« aucun mal. Ce malheureux, rassuré, chercha à me prouver
« qu'il n'était pas le partisan des mameluks; voyant que
« je ne pouvais le comprendre, il leva sa chemise, et, pre-
« nant son phallus à poignée, il resta dans l'attitude théâ-
« trale d'un dieu jurant par le Styx. Sa physionomie sem-
« blait me dire : Après le serment terrible que je fais pour
« vous prouver mon innocence, osez-vous en douter (1)? »

*Culte phallique en Syrie et parmi les Juifs, les Perses et
les Assyriens.* — En Syrie, les Moabites et les Madianités
adoraient Baal-Phégor, qui, d'après saint Jérôme, Rufin et
Isidore de Séville, n'était autre que Priape (2). La principale
cérémonie du culte de Baal-Phégor consistait à se présenter
entièrement nu devant l'idole. Selon Philon, les sectateurs
de cette divinité mettaient en évidence devant elle toutes
les ouvertures extérieures du corps. Beyer pense que les
filles moabites se prostituaient d'abord à l'idole, puis aux
Israélites (3). D'après le rabbin Salomon Jarchi, l'adorateur présentait devant l'autel son postérieur nu, et faisait
au dieu offrande de sa déjection (4). Saint Jérôme repré-

---

(1) *Mémoires sur l'Egypte, publiés pendant les campagnes de Bona-
parte.* Partie deuxième, p. 195.

(2) De nos jours encore, Priape paraît être en grande vénération chez
les Druses (Voy. Buckingham, *Travels among the Arab tribes inha-
biting the countries last of Syria and Palestine.* London, 1825, p. 394.

(3) Beyer, *Add. Selden,* cap. 5 sintag. 1, *Baal. Poor.*

(4) Commentaire sur le livre des Nombres, chap. 25 : *Eo quod dis-*

sente cette idole comme portant un phallus à la bouche (1).

Les Juifs eux-mêmes n'échappèrent pas au culte de Priape, et l'on vit leurs femmes fabriquer des phallus d'or et d'argent, et en abuser, comme le montre le passage suivant du prophète Ézéchiel : « Vous avez pris des objets de « parure, des vases d'or et d'argent qui m'appartenaient; « vous en avez fabriqué *des figures des organes sexuels mas-* « *culins*, et vous avez forniqué avec ces *figures* (2). »

On lit d'ailleurs au chapitre xv du livre III *des Rois*, que le roi Asa éloigna sa mère (*matrem suam amovit*), pour l'empêcher de présider aux fêtes de Priape (*ne esset princeps in sacris Priapi*); il en brisa la hideuse image et la livra aux flammes dans la vallée du Cédron (*confregit simulacrum turpissimum et combussit in torrente Cedron*). Les prêtres de Priape fonctionnaient dans la plus complète nudité, ce qui explique cet autre passage du livre *des Rois*, chap. X, v. 22, dans lequel Jéhu prescrit de leur délivrer des vêtements : *Dixitque his qui erant super vestes : proferte vestimenta servis Baal.*

Alexandre Polyhistor, en parlant du temple de Babylone, dit qu'une des idoles y avait deux têtes, l'une appartenant à l'homme et l'autre à la femme, et les parties sexuelles

---

tendebat coram illo foramen podicis, et stercus afferebant. Hottinger (*Hist. Orient.*, p. 155) exprime la même chose : *Turpiter a cultoribus distento* (sit venia verbis) *podicis foramine, egestoque onere modesto.* Voir aussi Selden, *de Diis Syris*, sintag. 1, cap. 4 ; Beyer, *Addimenta ad Selden*, p. 244 et 245; Elias Schedius, *de Diis Germanis*, p. 84 et 85 ; *Antiquitates Gronovii*, t. 7, cap. 13, etc.

(1) *Idolum tentiginis habens in ore, id est in summitate pellem, ut turpitudinem membri virilis ostenderet.*

(2) *Fecisti tibi imagines masculinas et fornicata es in eis.* Ezéchiel, cap., 16, v. 17.

des deux (1). D'après Ptolémée, le phallus était l'objet d'un culte chez les Assyriens et même chez les Perses (2).

Du culte phallique dans l'Inde. — Les sectateurs de Chiven, une des trois principales divinités, ont une grande vénération pour le phallus, et c'est sous cette forme, qui porte le nom de *Lingam*, que ce dieu est adoré dans les pagodes. Sur la porte d'une des villes du royaume de Sisupatnam, on voit une statue de Sita, femme de Wischnou, accompagnée de six fakirs, représentés à genoux, entièrement nus, les yeux levés vers Sita, et tenant chacun des deux mains leur phallus dont ils semblent faire hommage à la déesse (3).

En passant près de la côte de Trovancour, près le cap Comorin, M. de Grandpré, officier de la marine française, envoya un bateau à terre, pour prendre des informations. « A son retour, dit-il, le bateau apporta un *lingam* que les « canotiers avaient enlevé d'une niche pratiquée dans un « Terme, où il était exposé à la vénération publique. Le « dessin n'en était que trop bien fini, car il était indécent « par la recherche de la sculpture..... Les canotiers l'avaient « pris pour servir de timon au gouvernail du bateau. Ils « avaient gouverné le bateau avec ce phallus, dont on peut « juger les dimensions d'après cet usage (4). »

Chaque sectateur de Chiven est tenu de faire l'*Abichegam*, cérémonie qui consiste, dit Sonnerat, « à verser du « lait sur le *lingam*. On donne de cette liqueur aux mou-

(1) Alexand. Polyhist., *In Chaldaii, apud syncell.*, p. 29.
(2) Ptolémée, *Géograph.*, lib. I.
(3) *Dictionnaire de la Fable*, par Noël, au mot : Sita.
(4) *Voyage dans l'Inde et au Bengale, en 1789 et 1790*, par L. de Grandpré, officier de marine, t. II, p. 110.

« rants pour leur faire mériter les délices du Cailasson,
« qui est le paradis des Indiens (1). »

Les Laris, autres sectateurs de Chiven, sont nus, couverts de cendres, et demandent l'aumône le phallus à la
main.

« Les prêtres de Chiven, dit Dulaure (2), ne se mutilent
pas comme ceux de Wischnou, mais ils sont obligés d'approcher du *lingam* entièrement nus et en présence du
public. L'obscénité de l'idole, les scènes voluptueuses
peintes ou sculptées sur les murs des temples, n'empêchent
pas que la chasteté la plus rigoureuse ne leur soit prescrite;
et, lorsqu'ils exercent leur ministère, on leur fait une loi
de s'abstenir même des désirs que ces images licencieuses
pourraient faire naître. »

On lit dans Sonnerat (3) : « Si le peuple, venant faire ses
« adorations, s'apercevait qu'ils éprouvent le moindre mou-
« vement de la chair, il les regarderait comme infâmes
« et finirait par les lapider. »

Duquesne dit avoir vu, près de Pondichéry, les jeunes
épouses faire à un lingam en bois le sacrifice complet de
leur virginité; ce sacrifice est usité aussi dans la province
de Canara, ainsi que dans les environs de Goa. Avant de se
marier, les jeunes filles offrent dans le temple de Chiven les
prémices du mariage à une idole dont le lingam est de fer(4).

---

(1) *Voyage aux Indes et à la Chine*, par Sonnerat, t. II, p. 44.

(2) *Hist. abrégée de diff. cultes.* 2ᵉ édit., in-8°, Paris, 1825, t. II,
p. 107.

(3) *Voyage aux Indes et à la Chine*, par Sonnerat, t. I, p. 311.

(4) *Voyage dans l'Inde*, par Duquesne. Voir aussi Lintschotten, *Orien-
talische Reisen*, t. I, ch. 33. — Et c'est en présence de pareils faits
que l'on s'obstine à ne voir dans le phallus qu'un symbole, qu'une allégorie ! C'est en vérité pousser un peu trop loin l'amour de la métaphy-
sique.

A Jagrenauth, une jeune fille, introduite pendant la nuit dans la pagode, doit en épouser le dieu (1). A Calicut, le roi donne à son prêtre principal une récompense de 500 écus pour dénouer à ses femmes la ceinture au nom de la divinité (2). Dans la province de Canara, les prêtres de Chiven sortent de leurs pagodes entièrement nus, en faisant retentir une sonnette, et les femmes baisent leurs parties sexuelles en l'honneur de Chiven.

Déjà en Égypte, les fous, que la population considère comme divinement inspirés, reçoivent souvent les mêmes honneurs. Un voyageur, cité par Dulaure (t. II, p. 111), rapporte ainsi une scène dont il fut témoin : «Un Turc aliéné « s'étant trouvé sur le passage d'une femme égyptienne, « d'une main elle tire son voile de côté, afin de lui laisser « voir une partie de sa figure, et, de l'autre, elle prend, à « genoux, la partie du fou que la décence ne permet pas de « nommer; quoiqu'elle fût plus malpropre que la boue « même, elle la baise et la porte à son front. Le saint ne « fait aucune résistance. La femme suit son chemin, et le « fou, d'un air dédaigneux, continue sa marche nonchalante. » (*Voyage en Orient*, par M. A. D. B., chap. II.) Pokoke dit avoir vu, à Rosette, deux de ces fous qualifiés de saints : ils étaient nus, et des femmes leur rendaient le même hommage.

« Aujourd'hui, dit M. Gougenot des Mousseaux (3), le bé-

---

(1) *Voyage dans le Mongol et l'Indostan*, par Bernier, et *Essais historiques sur l'Inde*, par Delaflotte, p. 218. Voir aussi Hamilton, *A new account of the East Indies*. Edinburgh, 1727, p. 378 et seq. in-8°; C. Moore, *Narrative of the operations of capt. Little's detachment and of the Mahratta army*. London, 1794, p. 45, in-4°.

(2) *Voyages aux Indes orientales*, t. I, p. 69; Hamilton, *New account of the East Indies*, t. I, p. 308.

(3) *Dieu et les dieux*. Paris, 1854, in-8°, p. 304 à 312.

tyle, le dieu pierre et Cabire Maha-Deva, revêt, dans l'Inde, la forme sacramentelle du *lingam* ou phallus ; c'est-à-dire qu'il représente, *en substance et en forme*, les dieux qu'a-dorèrent les Grecs et les Égypto-Phéniciens. La religion primitive accuse donc, chez les Indiens, chez les Pélasges japhétiques et chez les Chananéens, *une même source religieuse*. Mais en outre, les dieux indiens qui sont *phallus et ctéis*, c'est-à-dire bétyles *yoni-lingam*, et qui nous rappellent ceux de l'antique idolâtrie, sont à la fois corps sidéraux ou ciel et terre... »

Du culte phallique au Tibet. — Il n'est pas de pays au monde où l'on prie autant qu'au Tibet. La prière dite *de six syllabes* y est continuellement sur les lèvres de tous les habitants. Le pâtre la répète en gardant son troupeau, le marchand en attendant l'acheteur, la femme en se livrant aux soins du ménage. Voici mot à mot cette prière : *om mani padme hoûm*, qui signifie : O! le joyau dans le lotus (1).

_____

(1) Pour suppléer à l'insuffisance de la voix à la faire entendre et de la main à l'écrire, à l'imprimer et à la graver, on a inventé la *machine à prières*. Cette machine est un cylindre de bois, de cuivre ou de cuir, rempli de petites bandes de papier sur lesquelles sont écrites ou imprimées les six précieuses syllabes. Ce cylindre est mis en mouvement par une manivelle, et l'agitation des bandes de papier qui y sont contenues constitue une œuvre pie au profit de celui qui met la machine en branle. Il existe de grandes machines à prières dans les vestibules des temples ; il y en a aussi sur les places publiques et dans les principales rues, pour donner la facilité aux passants d'acomplir leurs devoirs de religion, en leur imprimant deux ou trois évolutions. Dans les familles qui tiennent à leur salut, on possède de petits cylindres de ce genre, et l'on a soin qu'ils soient mis en mouvement le plus souvent qu'il est possible. Les personnes riches ont même un serviteur spécialement consacré à cette besogne. Les lamaïstes ont pensé qu'il était indifférent que la machine à prières fût mise en mouvement par un moteur

Son origine est hindoue, et, dans l'Inde, elle n'a pu naître
que dans le culte de Civa. « En effet, dit M. Michel Nicolas (1), elle représente un symbole çivaïte, le lingam dans
l'yôni, c'est-à-dire l'union du principe mâle et du principe
femelle. Pour les adorateurs de Civa le *mani* (le joyau) est
une des appellations les plus usitées du lingam, et l'yôni est
figuré par le padma (le lotus). Cette formule est, dans son
sens primitif, une invocation à la force créatrice univer-
selle, qui y est représentée sous un symbole peu décent, mais
fort usité dans le civaïsme, qui le reproduit dans tous ses
temples par la peinture et la sculpture. Elle est absolument
étrangère au bouddhisme, aussi bien quant à l'idée qu'elle
exprime que quant à la forme sous laquelle cette idée est
représentée ; elle n'y a été introduite que lorsque le culte
de Civa se mêla, dans le Népâl, aux idées bouddhiques (2).
Mais les naïfs dévots du pays de la neige et du pays des
herbes ne se doutent, ni de l'origine, ni du sens réel de cette
formule obscène, et sont pleinement convaincus qu'en la
récitant ils invoquent les esprits célestes (3). »

---

physique ou par la main de l'homme, puisque, dans un cas aussi bien
que dans l'autre, les six syllabes sont également agitées. En conséquence, on a construit dans le Tibet et dans la Mongolie des moulins à
eau et des moulins à vent pour la faire mouvoir (*).

(1) Voy. Koeppen, *Die lamaïsche Hierarchie und Kirche*. Berlin,
1859, in-8°.

(2) *Revue germanique* du 31 décembre 1859, p. 623.

(3) Pour donner une idée de la dépravation que peut subir l'intelligence de l'homme déraillée par certaines croyances religieuses, il suffit
de rappeler que, dans quelques pays de l'Asie, les habitants en sont
venus, non-seulement à révérer, mais encore à manger les excréments
de leurs prêtres. Ainsi, on lit dans le *Voyageur français*, par l'abbé De-
laporte, Paris, 1772, t. IV, p. 488 : « Les habitants du Boutan révèrent

(*) Kœppen, t. I, p. 556 et 557. Huc, *Souvenir d'un voyage*, t. II, p. 145.

Culte phallique chez les Grecs. — « J'ai honte, dit Ar-
« nobe, de parler des mystères du phallus, et de dire qu'il
« n'est pas de localité où l'on ne trouve des simulacres des
« organes sexuels de l'homme (1). »

Selon Hérodote et Diodore de Sicile, le culte de Bacchus
fut importé en Grèce par Mélampus. « C'est lui, en effet,
« dit Hérodote, qui apprit aux Grecs le nom de Bacchus,
« les cérémonies de son culte, et qui introduisit parmi eux
« la procession du phallus (2). »

« Rien n'était plus simple, dit Plutarque, que la manière
« dont on célébrait autrefois, dans mon pays, les *diony-*
« *siaques.* Deux hommes marchaient en tête du cortége ;
« l'un portait une amphore de vin ; l'autre un cep de vigne ;
« un troisième traînait un bouc ; un quatrième était chargé
« d'un panier de figues ; une figure de phallus fermait la
« marche (3). »

« On a conservé la coutume, dit Diodore de Sicile, de
« rendre un culte à Priape, non-seulement dans les mystères
« de Bacchus, mais aussi dans ceux des autres dieux ; et l'on
« porte son image dans les sacrifices. »

La secte des Baptes célébrait, à Athènes, à Corinthe, dans

« jusqu'aux excréments du grand lama. On ramasse ces excréments avec
« soin chaque fois que cet homme satisfait aux besoins de la nature, on
« les fait sécher et on les met en poudre. On en compose des sachets
« que les grands portent à leur cou, à titre de reliques. Les prêtres re-
« tirent un profit considérable de la vente de ces ordures pulvérisées,
« dont les dévots assaisonnent leurs aliments. » C'est peut-être à ce
culte immonde que fait allusion le passage suivant du livre *des Rois*
(IV, 17, 22) : *Et coluerunt immunditias de quibus præcepit eis
Dominus ne facerent verbum hoc.*

(1) Arnobe, *Adv. gent.*, l. V, p. 176.
(2) Hérodote, *Euterpe*, liv. II, sect. 49.
(3) Plutarque, *Œuvres morales, Traité de l'amour des richesses.*

l'île de Chio, en Thrace et ailleurs, les mystères nocturnes de *Cotitto*, espèce de *Vénus* populaire, et les initiés, qui se livraient à tous les excès de la débauche, y employaient un verre à boire en forme de phallus (1).

« Tout ce que les mystères d'Eleusis ont de plus saint, « dit Tertullien, ce qui est caché avec le plus de soin, ce « qu'on est admis à ne connaître que fort tard, et ce que « les ministres du culte, appelés époptes, font ardemment « désirer, c'est le simulacre du membre viril (2). »

Aux fêtes mystérieuses de Bacchus, appelées dionysies, l'aspirant, en voltigeant ou s'élançant en haut, tâchait de saisir une figure de phallus, faite avec des fleurs et suspendue à une branche de pin entre des colonnes (3). Le van mystique était l'emblème de cette singulière purification ; *entouré d'un dragon*, il était porté dans cette fête sur la tête d'une prêtresse, nommée, par cette raison, *licnophore* (4). Les orphiques donnaient à Bacchus le nom de Phanès (5), et le représentaient portant le phallus par derrière (6).

_____

(1) Juvénal, parlant de ces mystères, dit : *Vitreo bibit ille Priapo* (satire 2, vers. 9).

(2) Tertulliani opera, *Adversus Valentinianos*, p. 250.

(3) *Oscilla ex alto suspendunt mollia pinu.* Virg., *Georg.*, lib. II, v. 389. *Alii dicunt oscilla membra esse virilia de floribus facta, quæ suspendebantur per intercolumnia : ita ut in ea homines, acceptis clausis personis impengerent, et ea ore cillerent, id est, moverent, ad risum populo commovendum ; et hoc in Orpheo lectum est. Prudentioribus tamen aliud placet, qui dicunt sacra Liberi patris ad purgationem animæ pertinere* (Serv., loc. laud).

(4) Procl., *in Tim. Plat.*, p. 124.

(5) Damascius, *de Principiis*, fragm. XIII. ap. Jo. Christoph. Wolf., *Anecdot.*, t. IV, p. 252 et 253.

(6) Horn., ad Greg. Naz., orat. I in Julian, § 78, p. 154. ed. Eton.; Eschenbach, not. ad v. 15, Orph. Argon., p. 258, ed. Traject. ad Rhen., 1689.

2

Selon Thucydide (1), lorsque la sœur d'Harmodius eut été choisie pour faire les fonctions de Canéphore dans une pompe sacrée, Hippias et Hipparque, tyrans d'Athènes, refusèrent de l'admettre, sous prétexte qu'elle n'était pas digne d'une telle distinction. L'injure était grave; aussi leur coûta-t-elle cher. S'il n'y avait eu dans les cystes mystiques que des branches d'arbres, des férules, du lierre, des gâteaux de différentes sortes, du sel, des pavots, la *figure d'un dragon* (2), la pudeur n'aurait pas été alarmée; mais le principal objet qui y frappait les yeux, était le phallus. Un des interlocuteurs de la comédie des Acharnaniens dit : « Avance un peu, Canéphore, et toi, Xanthias, esclave, « *pose le phallus droit* (3). » Il fallait, sans doute, qu'il sortît assez hors de la ciste pour que tout le monde pût le voir. On chantait alors un hymne qu'Aristophane appelle *phallique* (4). Diodore prétend que c'est une figure entière de Priape qu'on honorait dans ces mystères (5). C'est une erreur de cet historien; il n'y paraissait que des phallus (6). Ces phallus étaient faits de bois de figuier; le figuier rappelait aux initiés une aventure très-obscène (7) de Bacchus (8).

A Chypre, dans les mystères de Vénus et d'Adonis, on présentait aux initiés du sel et un phallus qu'ils offraient

---

(1) Thucyd., lib. VI, § 56.

(2) Clem. Alex., *Protr.*, p. 19.

(3) Aristoph. *Acharn.*, v. 241 et 242.

(4) *Id., ibid.*, v. 260.

(5) Diod., lib. IV, § 6.

(6) Théodor., *Serm. VII*, t. IV, p. 583, C.

(7) Clem. Alex., *Protr.*, p. 29 et 30; Hygin., Foetis, *Astron.*, lib. II, cap. 5.

(8) *Recherches historiques et critiques sur les mystères du paganisme*, par le baron de Sainte-Croix, 2e édit. Paris, 1817, t. II, p. 87.

à la déesse, comme on offre à une courtisane une pièce d'argent (1). Sa statue était conforme au système égyptien, c'est-à-dire qu'elle avait les marques des deux sexes (2). Représentée nue, avec une grande barbe, elle attirait la vénération publique ; les hommes lui sacrifiaient en habit de femme, et les femmes en habit d'homme (3).

Le culte du phallus se liait étroitement aussi au culte de Pan. « Ce dieu, dit M. Maury (4), non-seulement défendait les troupeaux, mais il étendait encore sa protection sur les bergers, dont l'imagination lui prêtait des formes semblables à celles du bouc. Ce dieu était, disaient-ils, venu au monde avec les jambes, les cornes et le poil du mâle de la chèvre. On lui en attribuait aussi la lasciveté ; et, dans les images que l'esprit crédule des pâtres en concevait, il s'offrait avec des caractères physiques qui dénotaient son penchant. Sans doute il y avait là, comme dans les simulacres d'Hermès, avec le phallus dressé, l'idée de rappeler la fécondité des troupeaux, à laquelle Pan présidait, ainsi que le dieu de Cyllène (5)... » M. E. Gerhard (6) a cru reconnaître, dans le Pan arcadien, une divinité pélasgique de la nature, un esprit analogue au démon, que l'on adorait, à Iosipolis, sous la figure d'un serpent (7).

A Lampsaque, Priape jouait le rôle de Pan ou d'Aristée ;

---

(1) Clem. Alex., *Protr.*, p. 13 ; Arnob. *Adv. Gent.*, lib. V, p. 169, ed. J. Main.

(2) Macrob., *Saturnal*, lib. III, cap. 8.

(3) Serv., *ad An.*, lib. II, v. 632.

(4) *Histoire des Religions de la Grèce antique.* Paris, 1857, in-8°, t. I, p. 111 à 115.

(5) Hérodot., II, 46, 145. Ovid., *Fast.*, II, 271, 277. Virg., *Eclog.*, l. 33.

(6) *Griech Mythol.*, t. I, p. 120 seq., § 156 seq.

(7) Pausan., VI, c. 20, §§ 2 et 3, c. 31, § 4.

il présidait, ainsi que ces divinités, à la fécondité des troupeaux, à l'éducation des abeilles, à la pêche, à la culture. Comme le second, il s'offrait sous des dehors obscènes.

Selon Natalis Comes, le culte de Priape s'était introduit à Athènes en vertu du commandement d'un oracle. Voici comment s'exprime cet auteur (1) :

« *Fuerunt et Phallica in Dionysi honorem instituta, quæ apud Athenienses agebantur, apud quos primus Pegasus ille Eleutheriensis Bacchi cultum instituit* (2), *in quibus cantabant quemadmodum deus hoc morbo Athenienses liberavit et quemadmodum multorum bonorum auctor mortalibus extitit. Fama est enim quod, Pegaso imagines Dionysi ex Eleuthesis civitate Bœotiæ in Atticam regionem portante, Athenienses deum neglexerunt neque, ut mos erat, cum pompa acceperunt : Quare deus indignatus pudenda hominum morbo infestavit, qui erat illis gravissimus; tunc eis ab oraculo, quo pacto liberari possent petentibus, responsum datum est : solum esse remedium malorum omnium, si cum honore et pompa deum recepissent; quod factum fuit. Ex ea re tum privatim, tum publice lignea virilia thyrsis alligantes per eam solemnitatem gestabant. Fuit enim phallus vocatum membrum virile. Alii phallum ideo consecratum Dionyso putarunt, quia sit auctor creditus generationis.* »

D'après Natalis Comes, ce fut encore en vertu d'un commandement de l'oracle de Dodone que le culte de Priape prit naissance à Lampsaque. Voici le passage qui a trait à cette question :

---

(1) *Mythologiæ, sive explicationis fabularum*, libri X ; Franc., 1588, in-8°, p. 498. Comme il le dit page 487, l'auteur a emprunté cette histoire à Périmander *De Sacrificiorum ritibus apud varias gentes*, lib. II. Elle se trouve aussi dans le *Scoliaste* d'Aristophane, Acharn, 258.

(2) Pausanias, *Descrip. Græciæ*, lib. I, cap. 2.

« *Fuerunt qui memoriæ prodiderint Priapum fuisse vi-
rum Lampsacenum qui eum haberet ingens instrumentum
et facile paratum plantandis civibus, gratissimus fuerit
mulieribus Lampsacenis. Ea causa postmodo fuisse dicitur,
ut Lampsacenorum omnium cæterorum invidiam in se con-
vertens, ac demus ejectum fuerit ex ipsa insula. At illud
facinus ægerrime ferentibus mulieribus et pro se deos pre-
cantibus, post cum nonnullis interjectis temporibus Lamp-
sacenos gravissimus pudendorum membrorum morbus in-
vasiset, Dodonæum oraculum adeuntes percunctatis sunt, an
ullum esset ejus morbi remedium. His responsum est :
morbum non prius cessaturum, quam Priapum in patriam revocassent. Quod cum fecissent, templa et sacrificia
illi statuerunt Priapumque hortorum deum esse decreve-
runt.* »

Culte phallique en Italie. — D'après Clément d'Alexandrie (1), ce culte fut importé en Italie par des *corybantes.*
« Ces corybantes s'étant, dans leur pays, rendus coupables
de deux fratricides, enlevèrent le ciste (corbeille sacrée),
dans lequel était placé le phallus de Bacchus; après avoir
commis ce crime, ils transportèrent le ciste en Etrurie, où
ils firent valoir cet objet. Comme ils étaient expulsés de leur
pays, ils fixèrent leur demeure chez les Etrusques, prêchèrent
leur vénérable doctrine, et recommandèrent à ces peuples
d'adorer le phallus et la corbeille sacrée. »

« L'organe sexuel de l'homme, dit saint Augustin, est
consacré dans le temple de *Liber,* celui de la femme dans
les sanctuaires de *Libera ;* ces deux divinités sont nommées
le *père* et la *mère* (2).

(1) Clément Alex., *Protreps.*.
(2) Saint Augustin, *De civitate Dei,* lib. VI, cap. 9.

« Un char portait un énorme phallus, et s'avançait lentement jusqu'au milieu de la place publique. Là se faisait une station, et l'on voyait alors la mère de famille la plus respectable de la ville, placer une couronne de fleurs sur cette figure obscène (1).

« Ainsi, pour apaiser le dieu Liber, pour obtenir une récolte abondante, pour éloigner des champs les maléfices, une femme respectable est obligée de faire, en face de la multitude, ce qu'elle ne permettrait pas sur la scène à une prostituée! De quelle honte, de quelle confusion ne devrait pas être saisi le mari de cette femme, si, par hasard, il était présent à ce couronnement (2)! »

Lors de la fête de Vénus, les dames romaines portaient en procession un phallus, jusqu'au temple, où elles le plaçaient dans le sein même de la déesse (3).

A Lavinium, on promenait dans les rues, chaque jour, et pendant un mois, un phallus remarquable par ses proportions. Les propos les plus grossiers retentissaient alors de toutes parts ; une des mères de famille les plus considérables de la ville devait placer une couronne sur ce simulacre obscène (4). Enfin le désordre fut poussé si loin qu'il attira l'attention du sénat romain, en l'an 567 (5).

---

(1) *Donec illud membrum per forum transvectum esset, atque in loco quiesceret. Cui membro inhonesto matrem familias honestissimam palam coronam necesse erat imponere* (*Civit. Dei*, lib. VII. cap. 21).

(2) *In Liberi sacris honesta matrona pudenda virilia coronabat spectante multitudine, ubi, rubens et sudans, si est ulla frons in hominibus, adstabat forsitan et maritus* (*Ibid.*, lib. VII, cap. 24).

(3) *Dictionnaire abrégé de Pitiscus*, au mot *Senaculum*. *Geniales dierum d'Alexander ab Alexandro*, lib. III, cap. 18. Pompeius Festus, au mot *Mutinus*, et les commentaires sur cet article.

(4) Saint Augustin, *De civitate Dei*, lib. VII, cap. 21.

(5) Tite-Live nous a conservé le discours prononcé à cette occasion

Les Romains nommaient *Mutinus* ou *Tutinus*, le phallus isolé, et Priape, le phallus adhérent à un Hermès ou Thermes.

« On considère comme très-décent et très-religieux, « parmi les dames romaines, dit saint Augustin, d'obliger « les jeunes mariés de s'asseoir sur l'organe obscène et « monstrueux de Priape (1). »

« Parlerai-je de ce Mutinus, dit Lactance, sur le membre « duquel les nouvelles mariées doivent s'asseoir, afin que ce « dieu paraisse avoir, le premier, reçu le sacrifice de leur « virginité (2) ? »

Arnobe, s'adressant aux maris, leur dit : « Ne condui-« sez-vous pas vos femmes à Tutinus ; ne les faites-vous « pas enjamber (*inequitare*) l'horrible et monstrueux phal-« lus (3) ?

« Parce que nous n'adressons pas nos prières à *Mutinus* « et à *Tutinus*, et que nous ne nous prosternons pas jusqu'à

---

dans le Sénat par le consul Spurius Posthumius : « *Primum igitur mu-lierum magna pars est, et is fons mali hujusce fuit; deinde simillimi feminis mares, stuprati et constupratores, fanatici vigiles ; vino, stre-pitibus, clamoribusque nocturnis attoniti, etc., etc.... Quidquid his annis libidine, quidquid fraude, quidquid, scelere peccatum est, ex illo uno sacrario scitote ortum esse.* » (Lib. XXXIX, cap. 15 et 16.)

(1) *Sed quid hoc dicam, cum ibi sit et Priapus nimius masculus, super cujus immanissimum et turpissimum fascinum sedere nova nupta jubeatur more honestissimo et religiosissimo matronarum?* (Saint Augustin, *Civit. Dei*, lib. VI, cap. 9.) Le même auteur dit ailleurs : *In celebratione nuptiarum, super Priapi scapum nova nupta sedere jube-batur.* (*Ibid.*, lib. VII, cap. 24.)

(2) *Et Mutunus, in cujus sinu pudendo nubentes præsedent, ut illa-rum pudicitiam prior Deus delibasse videatur.* (Lactance, *de Falsâ religione*, lib. I.)

(3) *Etiam ne Tutunus, cujus immanibus pudendis horrentique fascino vestras inequitare matronas ducitis et optatis?* (Arnob., lib. IV, p. 131.)

« terre devant eux, ne vous semble-t-il pas, à vous enten-
« dre, que de grandes calamités vont fondre sur nous, et
« que l'ordre de la nature en sera renversé (1) ! »

Considéré comme amulette, le phallus portait le nom de
fascinum; il était d'un usage fréquent chez les Romains,
qui y voyaient un préservatif puissant contre les charmes
et les regards de l'Envie. On le suspendait au cou des enfants (2), on le plaçait sur la porte des maisons, des jardins (3), des édifices publics.

Les dames romaines offraient publiquement des couronnes à Priape et elles les suspendaient au phallus de cette
divinité. C'est ainsi que la célèbre Messaline, femme de
l'empereur Claude, après être sortie victorieuse de quatorze
athlètes vigoureux, se fit déclarer invincible, en prit le
surnom, et, en mémoire de ces succès, fit à Priape l'offrande
de quatorze couronnes. D'autres lui faisaient hommage
d'autant de phallus en bois de saule qu'elles avaient vaincu
d'hommes dans une nuit (4).

« On plaçait encore des phallus, dit Dulaure (5), dans

---

(1) *Quia non supplices humi Mutino procumbimus atque Tutuno,
ad interitum res lapsas, atque ipsum dicitis mundum leges suas et
constituta mutasse?* (Arnob., lib. IV, p. 133.)

(2) *Pueris turpicula res in collo suspenditur, ne quid obsit rei
obscenæ causa.* (Varon, *de Lingua latina*, liv. VI.)

(3) *Hortosque et fores tantum contra invidentium effascinationes
dicari videmus in remedio satyrica signa.* (Plin., lib. XXIX, cap. 4.)

(4) Cette pratique est représentée sur une pierre gravée (*culte secret
des dames romaines*) et mentionnée dans la pièce 34 des *Priapées* :

> *Cum sacrum fieret deo salaci*
> *Conducta est pretio puella parci*
> *Communis satis omnibus futura*
> *Qua, quot nocte viros peregit una*
> *Tot verpes tibi dedicat salignas.*

(5) *Op. cit.*, t. XI, p. 177.

les vignes, les vergers, les jardins ; mais alors, vil gardien d'un verger ou d'un jardin, il servait uniquement d'épouvantail aux voleurs, aux enfants et aux oiseaux (1). »

La grande déesse n'était qu'une petite pierre. « Ce caillou que nous avons reçu de la Phrygie, dit Arnobe, je l'ai vu, et c'est si peu de chose, que, si vous le posez dans la main, il n'en fait pas fléchir la peau. Sa couleur tire sur le noir, ses angles sont inégaux et saillants; c'est la pierre brute et raboteuse que nous voyons aujourd'hui former la bouche de la statue de la déesse et détruire la régularité de ses traits. » Cette pierre formait, en effet, une sorte de bouche, ou plutôt son apparence était celle d'une *vulve*, car elle figurait le *ctéis* ou le *mullos* de l'Europe, c'est-à-dire l'organe femelle, plus exactement que le yoni sacré de l'Asie. « En d'autres termes, dit M. G. des Mousseaux (*Op. cit.*, p. 104), elle reproduisait un des types par l'image desquels les anciens représentaient la déesse nature ; *et cette forme obscène, ainsi que celle du phallus, ou de l'organe mâle, constituait fréquemment la forme de la pierre bétyle....* Rome avait déployé toute la solennité de ses pompes religieuses pour accueillir la déesse dans son sein, et le roi de Pergame, Attale, n'avait cru pouvoir faire un plus beau présent à la République, qui en convoitait avidement la possession. »

Lorsque les Romains eurent soumis la Gaule, ils y introduisirent leur culte, et l'on vit les Gaulois, les Bretons et les Germains élever des autels à Priape, adorer ses simulacres, lui confier la garde des jardins et l'invoquer contre les ma-

---

(1) *Et custos furum atque avium, cum falce salignâ,*
Hellespontiaci servet tutela Priapi. (Virgil., *Georg.*, lib. IV.)
Pomarii tutela diligens, rubro
Priape furibus minare mutino. (*Priapeia*, carm. 73.)

léfices attaquant la fécondité des femmes, des champs et des bestiaux.

On lit dans un mémoire de M. Borel sur les *Antiquités de la vallée de Castres* (l. II, p. 69) : « La seconde merveille « du pays est le mont dit *Puytalos*, que nous pouvons « nommer mont des *Priapolithes*, parce qu'il est rempli de « pierres longues et rondes en forme de membres virils. « Si on les coupe, on y trouve un conduit au centre, plein « de cristal qui semble être le sperme coagulé. Aux unes on « trouve des testicules attachés, d'autres sont couvertes de « veines, et d'autres montrent le *balanus*, et sont rongés « comme étant échappées de quelque maladie vénérienne ; « parmi elles se trouvent des pierres *ayant la figure des « parties honteuses des femmes, et quelquefois on les trouve « jointes ensemble ;* quelques-unes se trouvent de figure « droite parmi celles qui sont courbées. »

En présence d'une description si explicite du phallus et du ctéis classiques, nous ne comprenons pas comment Dulaure s'obstine à ne voir ici « que des produits de la « nature, des espèces de stalactites, dont les formes extrê- « mement variées se rapprochent souvent des ouvrages de « l'art (1). »

« On trouve, dit M. Emile Bégin (2), parmi les ruines de Soulosse (Vosges), un monument des plus grossiers, haut de 0ᵐ,77 sur 0ᵐ,60 de large, qui représente une femme assise, les cuisses écartées, les parties génitales dans un état d'épanouissement, et devant elle un trou elliptique destiné sans doute à recevoir le fruit de la gestation. On ne saurait douter que cette femme ne fût une divinité génératrice ;

(1) *Op. cit.*, t. II, p. 234.
(2) E. Bégin, *Lettres sur l'histoire médicale du Nord-Est de la France*. Metz, 1840.

mais quelle civilisation, grand Dieu! que celle d'un peuple
à qui l'on est réduit de présenter des images aussi grossières pour frapper son intelligence obtuse (1)! Plusieurs
monuments semblables, appartenant peut-être aux mêmes
peuplades, ont été découverts, il y a quelques années, dans
la *mer de Fline*, étang des environs de Douai. Ces monuments, les uns en bois de chêne, les autres en fer de fonte
et en bronze, représentent des femmes nues, grossièrement
exécutées, ayant une seule mamelle au milieu de la poitrine et les parties sexuelles très-prononcées. Priape, dont
nous ne connaissons aucun sanctuaire dans le nord-est des
Gaules, s'y introduisit néanmoins, selon toute apparence,
avant l'invasion romaine, car son image existait autrefois
dans le comté de Daschbourg, près de Saint-Quirin, pays
qu'on sait avoir été habité par les Triboques. Cette statue
en pierre, haute de 1ᵐ,20, ayant de longues oreilles, tenait
le phallus de la main droite, le bras gauche étant brisé. Je
ne sache pas que d'autres Priapes aient appartenu à notre
pays (1); mais le *phalle*, dédoublement ou personnification
de cette divinité, s'est rencontré maintes fois dans nos
fouilles. On en a trouvé plusieurs en ivoire et en bronze
dans les ruines de Naix, de Scarpone, de Grau, de Metz et
de l'Hiéraple. »

En Espagne, Priape était adoré sous le nom d'Hortanès,
et dans l'ancienne Nebrissa, aujourd'hui *Lebrixa*, ville de
l'Andalousie, son culte était établi. « Les habitants de
« Nebrissa, dit Silius Italicus, célèbrent les orgies de Bac-
« chus. On y voit des satyres légers et des ménades, cou-
« verts de la peau sacrée, porter, pendant les cérémonies
« nocturnes, la figure de Bacchus Hortanès (2). »

---

(1) Au commencement du XVIIIᵉ siècle, on a trouvé un Priape sur
le mont Saint-Martin, entre Annegreg et Faucogney.

(2) *De Bello Punico*, lib. III, vers. 395.

Chez les peuples germains et scandinaves, les trois principales divinités étaient : Odin, Thor et Fricco. Odin était le
père, et Thor son fils ; Fricco correspondait au Priape des
Romains. Chez les Saxons, on l'adorait sous la forme d'un
phallus. Frigga était la déesse de la volupté. « Si les femmes
« scandinaves, dit Olaüs Rudbeck (1), honoraient si reli-
« gieusement le soleil sous l'emblème du phallus, c'était
« non-seulement dans l'espérance de voir la fécondité s'é-
« tendre sur la terre, mais aussi sur elles-mêmes. »

Dans son histoire ecclésiastique du Nord, Adam de
Brême parle d'un temple d'Upsal, en Suède, dans lequel
le dieu Fricco était représenté avec un énorme phallus.
Chez les Saxons, où il s'appelait Frisco, on l'adorait même
sous la forme d'un simple phallus.

*Continuation du culte phallique dans l'Europe mo-
derne.* — En Allemagne, le culte de Priape se maintint
jusqu'au XIIe siècle.

Les habitants de l'Esclavonie, encore livrés, dans le
XIIe siècle, aux pratiques du paganisme, rendaient un culte
à Priape, sous le nom de *Pripe-Gala*. Ces peuples, ennemis
de leurs voisins, qui avaient embrassé le christianisme, faisaient des incursions fréquentes sur les diocèses de Magdebourg et de la Saxe. Plusieurs princes saxons se réunirent,
vers l'an 1110, pour implorer le secours des puissances
voisines. Ils écrivirent aux prélats d'Allemagne, de Lorraine et de France, et leur exposèrent la situation déplo-
rable où les plongeait la haine de ces idolâtres. « Chaque
« fois, disent-ils, que ces fanatiques s'assemblent pour célé-
« brer leurs cérémonies religieuses, ils annoncent que leur
« dieu *Pripe-Gala* est, suivant eux, le même que Priape

---

(1) *Atlantic*, t. II, p. 293.

« ou que l'impudique Belphégor. Lorsqu'ils ont, devant
« l'autel profane de ce dieu, coupé la tête à quelques chré-
« tiens, ils poussent des hurlements terribles et s'écrient :
« *Réjouissons-nous aujourd'hui : le Christ est vaincu et*
« *notre invincible Pripe-Gala est son vainqueur* (1). »

En France, un document intitulé *Jugements sacerdotaux
sur les crimes*, qui paraît être de la fin du VIIIᵉ siècle, porte :
« Si quelqu'un a fait des enchantements ou autres incan-
« tations auprès du *fascinum*, qu'il fasse pénitence au pain,
« à l'eau, pendant trois carêmes (2). »

Le concile de Châlons, tenu au IXᵉ siècle, prohibe cette
pratique, prononce des peines contre ceux qui s'y livrent,
et atteste son existence à cette époque.

Burchard, qui vivait dans le XIIᵉ siècle, reproduit l'article de ce concile dans les termes suivants : « Si quelqu'un
« fait des incantations au *fascinum*, il fera pénitence au
« pain, à l'eau, pendant trois carêmes (3). »

Les statuts synodaux de l'Eglise du Mans, qui sont de
l'an 1247, portent la même peine contre celui qui « a péché
« auprès du *fascinum* (4). »

Au XIVᵉ siècle, les statuts synodaux de l'Eglise de
Tours, de l'an 1396, renouvellent la même défense. Ces
statuts furent alors traduits en français, et le mot de *fasci-*

---

(1) Voyez la lettre qu'Aldegore, archevêque de Magdebourg, et que les
prélats ou princes séculiers écrivirent aux évêques de Saxe, de Lorraine
et de France, dans le tome Iᵉʳ et aux pages 625 et 626 de l'*Amplissima
collectio veterum scriptorum*. (Cf. Dulaure, *op, cit.*, t. II, p. 249.)

(2) *Judicia sacerdotalia de criminibus : veterum scriptorum amplissima collectio*, t. 7, p. 35.

(3) Burchard, lib. X, cap. 49.

(4) *Statuta synodalia ecclesiæ cenoman. Amplissima collectio veterum scriptorum*, t. VII, p. 1377.

num y est expliqué par celui de *fesne :* « Si aucun chante
« à *fesne* aucuns chantements, etc. (1). »

On lit dans le *Journal de Henry III*, par l'Estoile (2) :
« Mêmement les instituteurs de nos cérémonies n'ont pas
eu honte des plus anciennes pièces de l'antiquité, puisque
l'on a adoré le dieu des jardins en tant d'endroits de la
France. Témoin saint Foutin (3), de Varailles, en Provence,
auquel sont dédiées les parties honteuses de l'un et l'autre
sexe en cire : le plancher de la chapelle en est fort garni, et,
quand le vent les fait entrebattre, cela débauche un peu les
dévotions à l'honneur de ce saint. Je fus fort scandalisé,
quand j'y passai, d'y ouïr force hommes qui avaient nom
Foutin ; la fille de mon hôtesse avait pour sa marraine une
demoiselle nommée Foutine. Quand les Huguenots prirent
Embrun, ils trouvèrent entre les reliques de la principale
église un Priape de trois pièces à l'antique, qui avait le
bout rongé à force d'être lavé de vin : les femmes en faisaient le *saint Vinaigre*, pour être appliqué à un usage assez
étrange. Quand ceux d'Orange (les Huguenots) ruinèrent
le temple de saint Eutrope, on trouva une même pièce,
mais plus grosse, enrichie de peau et de bourre : il fut
brûlé publiquement en la place par les hérétiques, qui cui-
dèrent tous crever de puanteur, et le tout par miracle et
punition du saint. Il y a un autre saint Foutin à la ville
d'Auxerre. Un autre en un bourg nommé *Verdre,* aux mar-

---

(1) *Supplément au Glossaire de Ducange,* par Carpentier, au mot
Fascinare.

(2) T. III, *Confession de Sancy.*

(3) « Saint Faustin ou saint Fortin, d'autres le nomment Photin et
d'autres encore Fotin et Foutin, le tout par corruption pour Potin,
comme on lit dans Eusèbe le nom de ce prélat qui fut martyrisé étant
évêque de Lyon. » (*Apologie pour Hérodote,* par Henry Etienne, t. III,
ch. 38.)

ches du Bourbonnais. Il y a un autre saint Foutin au Bas-Languedoc, diocèse de Viviers, appelé saint *Foutin de Cives*, et un autre à Porigny, où les femmes ont recours en leurs grossesses et pour avoir des enfants. »

Selon Henry Étienne, Priape était adoré à Bourg-Dun, près de Bourges. Les femmes stériles y faisaient des neuvaines, et, à chacun des neuf jours, elles s'étendaient sur la figure du saint, qui était placé horizontalement. « Elles raclaient ensuite, dit Dulaure, une certaine partie de saint Guerlichon (1), laquelle était aussi en évidence que celle de Priape : cette raclure, délayée dans l'eau, formait un breuvage miraculeux. »

Henry Étienne ajoute : « Je ne sais pas si encore pour le « jourd'hui, ce saint est en tel crédit, pour ce que ceux qui « l'ont vu disent qu'il y a environ douze ans qu'il avait cette « partie là bien usée à force de la racler (2). »

Quelque chose d'analogue se passait près de Brest, si l'on en juge par l'extrait suivant d'un ouvrage publié en 1794 (3) :

« Au fond du port de Brest, au delà des fortifications, en « remontant la rivière, il existait une petite chapelle auprès « d'une fontaine et d'un petit bois qui couvre la plaine ; et, « dans cette chapelle, était une statue en pierre honorée du « nom de *saint*.

---

(1) « Saint Guerlichon, par corruption pour Grelichon, comme ce saint est nommé par Pierre Viret dans son *Traité de la vraie et de la fausse religion*, liv. VII, c. 35. — De *gracilis*, on a appelé grelots cette espèce de sonnettes de forme ronde, qu'on attache au cou des mulets : et c'est de là que vient le nom de ce bon saint, à cause de la vertu prolifique des *grelots* de sa statue. » (*Apologie pour Hérodote*, par Henry Etienne, t. III, ch. 38.)

(2) *Apologie pour Hérodote*, t. II, chap. 38, p. 254.

(3) *Voyage dans le Finistère, fait en 1794 et 1795*, t. II, p. 150.

« Si la décence permettait de décrire Priape avec ses
« attributs, je peindrais cette statue.

« Lorsque je l'ai vue, la chapelle était à moitié démolie
« et découverte, la statue en dehors, étendue par terre, et
« sans être brisée ; de sorte qu'elle existait en entier, et
« même avec des réparations modernes, qui me la firent
« paraître encore plus scandaleuse. »

« Les femmes stériles, ou qui craignaient de l'être, al-
« laient à cette statue, et, après avoir gratté ou raclé ce
« que je n'ose nommer, et bu cette poudre infusée dans un
« verre d'eau de la fontaine, elles s'en retournaient avec
« l'espoir de devenir fertiles (1). »

D'après M. Pastureaud, cité par Dulaure (*op. cit.*, t. II,
p. 280), il existerait à Bourges, rue Chevrière, « une petite
statue placée dans le mur d'une maison, dont les organes
sexuels sont usés à force d'être raclés par des femmes qui
en avalaient la raclure, dans l'espoir de devenir fécondes ;
cette statue est, dans le pays, nommée *le bon saint Grelu-
chon* (2). »

« On montre encore à Anvers, dit Goropius (3), une pe-
« tite statue, autrefois munie d'un phallus, que la décence
« a fait disparaître. » Cette statue est placée sur la porte
voisine de la prison publique. D'après cet auteur, Priape
avait à Anvers un temple très-célèbre. Goropius cite même
une opinion qui fait dériver le nom de la ville d'*Anvers* du

---

(1) *Anecdotes relatives à quelques personnes et à plusieurs événe-
ments remarquables de la Révolution*, par M. J.-B. Harmand (de la
Meuse), ancien député et ex-préfet du département du Bas-Rhin 1814,
p. 90 et 91.

(2) Extrait d'une lettre de M. Pastureaud de Veaux à Dulaure.

(3) *Joh. Goropii Becani, Origines Antwerpianœ*, 1569, lib. I, p. 26
et 101.

mot latin *verpum*, qui exprime la chose dont le *phallus* est la figure.

D'après Abraham Golnitz, la figure de Priape se voit à l'entrée de l'enceinte du temple de Sainte-Walburge, dans la rue des Pêcheurs, et au-dessous de la porte de la prison publique. C'est une petite statue en pierre, représentée les jambes écartées, et dont le signe sexuel est entièrement disparu. « On fait, dit-il, beaucoup de contes sur la cause « de cette disparition, et l'on parle aussi de l'usage où « étaient les femmes stériles de racler la partie qui manque « à cette statue, et de prendre en potion la poussière qui « résultait, dans l'intention de devenir fécondes (1). »

Un voyageur du même temps dit, en parlant d'Anvers : « On y voit une idole en pierre, placée sur une porte an-« tique. Plusieurs croient que la poussière provenant de la « partie sexuelle de cette figure, prise en potion, préserve les « femmes de la stérilité (2). »

A Saintes, les femmes et les enfants des deux sexes por-taient à certaine procession, au bout d'un rameau bénit, un pain creux en forme de phallus. Le nom de ce pain s'ac-corde avec sa forme pour déceler son origine, et ne laisse aucun doute sur l'objet qu'il représente.

A Saint-Jean-d'Angély, le jour de la Fête-Dieu, on por-tait à la procession, des pains nommés *fateux* et ayant la forme de phallus. Cet usage existait encore lorsque M. Maillard était sous-préfet de cette ville; il le fit sup-primer, et les femmes stériles, dit Dulaure, au lieu d'aller racler la branche phallique d'une statue, furent réduites : les unes à aller boire les eaux prolifiques d'une fontaine consacrée à un saint; les autres, comme à Rocamadour

(1) *Itinerarium Belgico-Gallicum*, p. 52.
(2) *Itinerarium Galliæ*. Jodoci sinceri, p. 234.

dans le Rouergue, à venir baiser le verrou de l'église, ou une bande de fer appelée le *Bracquemart de Rolland*, ou d'aller faire des neuvaines à quelques saintes fécondantes, comme à la *sainte Foy* de la ville de Congues, aussi en Rouergue.

Le *fascinum* est encore en usage dans la Pouille, et les habitants modernes de cette province, pour écarter les maléfices et les regards funestes de l'envie, suspendent aux épaules des enfants des *fascina* de corail, qui ont souvent la forme des mains *ithyphalliques*, et que les Italiens appellent *fica* (1).

Dans la ville de *Trani*, on promenait naguère en procession, pendant le carnaval, une vieille statue de bois qui représentait Priape tout entier, et dans les proportions antiques, c'est-à-dire que le trait qui distingue ce dieu était très-disproportionné avec le reste du corps de l'idole : il s'élevait jusqu'à la hauteur de son menton. Les habitants du pays nommaient cette figure *il santo membro*.

A Isernia (2), il se tient tous les ans une foire du genre de celles qu'on nomme en Italie *Perdonanze*. On ne voit guère que des femmes à cette fête ! Ce sont elles qui prient avec le plus de ferveur les deux saints qui jouent ici en

---

(1) Note fournie à Dulaure par M. Dominique Forgès Davanza, prélat de Canosa.

(2) Richard Payne Knight. — *An account of the remains of the worship of Priapus, lately existing at Isernia, in the kingdom of Naples : in two letters ; one from sir William Hamilton to sir Joseph Banks, and the other from a person residing at Isernia. To which is added a discourse on the worship of Priapus and its connexion with the mystical theology of the ancients.* London, by T. Spilsburg, 1786, 195 p. in-4°, avec 18 gravures. (Voyez, sur cet ouvrage rare, A. Bœttiger dans *Amalthea*, vol. III, p. 408-18, et Chouland dans les *Annales de Hecker*, vol. XXXIII, 1836, p. 414.)

commun le rôle de Priape, et qui contribuent le plus à décorer leur chapelle de nombreux phallus en cire.

« A l'exception, dit Dulaure, de l'usage de racler le phallus et d'avaler cette raclure avec de l'eau, usage dont je ne connais point d'exemple dans l'antiquité, toutes les autres pratiques appartiennent au culte que les anciens rendaient à Priape. » (*Op. cit.*, t. II, p. 300.)

« On a signalé en divers lieux, dit M. A. Maury (1), des vestiges du culte du phallus, culte qui s'est conservé, en Orient, chez les Ismaélites. (Ferd. Périer, *la Syrie et le gouvernement de Méhémet-Ali*, p. 265.) M. Uhrich a cité un phallus conservé à la chapelle de Saint-Vit ou Saint-Fix, près de Schwitzerhoff ; le saint y est invoqué par les femmes pour devenir fécondes et contre plusieurs maladies. (*Mémoires de l'Académie de Metz*, années 1850-1851, pages 204 et suiv.) Rappelons encore ce qui est dit de la *pierre des épousées* dans les Alpes (D. Monnier, *Traditions populaires*, p. 792). A l'église de Moutier, en Bresse, une pierre, reste d'un ancien phallus et qu'on nomme la *pierre de Saint-Vit*, est encore regardée comme ayant la vertu de donner de la force aux enfants (D. Monnier, *Géogr. hist. de la Séquanie*). Les statues de Saint-Vit furent aussi substituées aux idoles et aux Hermès que les anciens étaient dans l'usage de placer à la jonction des chemins (*viæ*). »

Culte du phallus en Amérique. — On lit dans un ancien document dû à un des compagnons de Fernand Cortez (2) :

---

(1) *La magie et l'astrologie dans l'antiquité et au moyen âge.* Paris, 1860, in-8°, p. 159.

(2) *Relation sur la Nouvelle-Espagne*, écrite par un gentilhomme de la suite de Cortez, coll. Ternaux, *Premier recueil de pièces sur le Mexique*, p. 84. Voir encore, sur l'ivrognerie des *Cuextecas*, ou habi-

« Dans certaines contrées, et particulièrement à Panuco,
« on adore le phallus (*il membro che portano gli uomini*
« *fra le gambe*), et on le conserve dans des temples. Il est
« représenté aussi sur la place, avec des statues en ronde-
« bosse, qui figurent toutes les sortes de plaisir dont
« l'homme peut jouir avec la femme. On voit des figures
« humaines ayant les jambes en l'air de différentes façons.
« Les hommes de la province de Panuco sont très-adonnés
« au vice contre nature; ils sont fort lâches et si ivrognes
« que, lorsqu'ils sont fatigués de boire leur vin par la bou-
« che, ils se couchent, élèvent les jambes en l'air, et s'en
« font introduire dans le fondement, au moyen d'une canule,
« tant que le corps peut en contenir. »

Les habitants de Tlascala rendaient aussi un culte aux
organes sexuels de l'homme et de la femme (1). D'après
Garcillasso de la Vega, dit Blas Valera, le dieu de la luxure,
chez les Mexicains, se nommait *Triazoltente* (2).

« A Haïti, dit M. Arthaud, ancien médecin du roi, les
« phallus trouvés, en 1790, dans des fouilles et dans diffé-
« rents quartiers, sont incontestablement l'ouvrage des na-
« turels du pays. Ils en avaient de plusieurs espèces. Un
« d'eux a été trouvé dans la grande *caverne du Borgne*. Il
« est représenté dans une grandeur naturelle; la forme en
« est régulière; le gland est perforé; il est aplati à sa base
« pour recevoir une sorte de charnière (3). »

---

tants de la province de Panuco, Sabagun, *Hist. de las cosas de Nueva-
España*, lib. X, cap. 29.

(1) *Histoire des Incas*, par Garcilasso de la Vega, liv. 2, chap. 6.

(2) *Histoire de la Floride*, par le même.

(3) Cette dissertation manuscrite a été communiquée à Dulaure, qui
déclare (*op. cit.*, p. 118) que M. Arthaud possédait sept phallus provenant d'Haïti.

Nous terminerons par quelques documents contenus dans une lettre récente adressée par M. de Waldeck à M. Witt : « On sait, dit M. de Waldeck, que le Tau, T, est généralement employé dans l'antiquité comme l'emblème du phallus ; dans l'Inde il est figuré par trois signes que je retrouve représentés non-seulement dans les katuns, ou hiéroglyphes de Palenqué, mais encore dans une multitude de petites amulettes en cuivre et en or d'une dimension de cinq à dix centimètres et même de 15 centimètres, qui sont d'une rareté extrême, car les conquérants espagnols n'ont pas manqué de les fondre à cause de la précieuse matière dont elles étaient formées. M. l'abbé Brasseur de Bourbourg m'a montré une douzaine de ces petites haches de grandeurs progressives, qui font partie de sa petite mais intéressante collection ; il les considère comme des monnaies antiques, et moi-même je leur attribuai d'abord l'usage de couper le cuir pour ces ouvrages délicats dans lesquels les Toltiques ont excellé, et où leurs descendants excellent encore. Voilà donc trois formes symboliques du phallus bien déterminées ; mais il en est aussi une naturelle : celle-ci se trouve dans les reliefs de la croix et sert de pendants d'oreilles à la tête chimérique des tigres supportant la base de ladite croix. Elles forment aussi le nez de plusieurs masques dans les katuns. Je possède, en outre, dans ma collection de terres cuites, une petite figurine accroupie qui porte au centre de son collier un phallus dont le dessin se trouve parmi ceux que j'ai cédés à l'Etat, avec deux autres très-expressifs et d'une dimension plus grande. Ces derniers représentent des espèces de satyres ; l'un d'eux a un mouvement curieux : de son pouce il bouche le conduit uréthral, comme pour empêcher la sortie de la liqueur séminale. Plusieurs vases péruviens portent aussi des phallus énormes qui servent de goulots pour boire.

«...... Quelques mots maintenant sur un sujet moins grave, que de plus savants jugeront peut-être digne de leurs investigations. Il s'agit d'un relief en stuc, placé dans l'oratoire de la reine du palais de Palenqué. Ce relief, à mon arrivée, était déjà mutilé; mais, ce qui manquait d'un côté était répété de l'autre, de sorte que je pus parvenir, sauf quelques détails, à le rétablir dans son intégrité. Le principal sujet, comme pièce du centre, est une tête d'éléphant, la gueule ouverte et la trompe en l'air; la trace des défenses cassées est très-visible. Le dessin que j'en ai fait montre l'ensemble restauré, à l'exception de la trompe. Cette tête repose sur les appendices d'un double ornement de méandres, sur la plus large partie duquel deux oiseaux chimériques sont penchés, l'un à tête d'aigle, l'autre à museau de tapir; du collier de chacun des animaux pend un ornement terminé par un disque entouré de perles (l'un est le soleil, l'autre la lune); ces deux espèces de phénix à longue queue semblent en adoration devant le sujet central. Au-dessus de la tête de l'éléphant on voit un Tau bordé d'un large filet, ce qui lui donne une importance que les autres n'ont pas, et doit le faire valoir ici comme désignant un signe majeur. Reste à déterminer quel est, de l'éléphant ou du Tau, la figure la plus importante? L'archéologue ne pourra éviter de faire une comparaison juste et qui n'aura rien d'hypothétique; il se souviendra que, dans les monuments de la religion de Brahma, Ganesa, figuré par l'éléphant, emblème de la sagesse, est représenté adorant le phallus. »

Opinions et croyances concernant le phallus. — En présence des faits qui précèdent et qui attestent un des cultes les plus universellement répandus, que penser de l'opinion qui s'obstine à ne voir dans le Priape de l'antiquité et dans le Lingam de l'Inde , qu'un symbole, qu'un emblème de la génération?

Jamais l'homme n'a attaché la moindre importance au phallus sortant de la main du sculpteur, phallus assurément aussi emblématique que peut l'être un phallus consacré. Pour être objet d'un culte , le phallus exigeait une consécration religieuse préalable, sans laquelle Priape et Lingam n'étaient qu'un fragment de pierre, qu'un morceau de bois, *inutile lignum* , comme dit le poëte romain (1).

« *In religione*, dit Jamblique, *non potest fieri opus ullum « alicujus mirabilis efficaciæ, nisi adsit illic superorum ali- « quis spectator operis et* IMPLETOR.»

Après la consécration, la scène changeait ; le bois, *inutile lignum* , devenait dieu : *Deus inde, furum aviumque maxima formido.*

Que s'était-il passé? Interrogeons l'humanité, les philosophes, les Pères de l'Église. Tous nous répondent d'un commun accord qu'il y a eu incarnation du dieu dans le bois ou dans la pierre.

Voilà ce que pensait l'antiquité, ce que pense encore l'Inde moderne; quant au christianisme , il ne diffère pas sur ce point. Pour saint Jean Chrysostôme, les statues sont : λιθοι και δαιμονες, pierres et esprits ou démons. Pour saint Cyprien , les esprits sont dans la pierre ou sous la pierre : *Hi ergo spiritus sub statuis et imaginibus delitescunt* (2). Minutius Félix s'exprime en quelque sorte dans les mêmes termes. Pour Tertullien, faire une idole, c'est *faire un corps au démon* (*De idolatria*, chap. vi).

Assurément il n'y a là rien qui légitime l'interprétation

---

(1) *Horat.*, L. I, sat. 8.
(2) Seulement il dit : *Impuri spiritus.*

moderne admettant un symbole. Ecoutons encore Arnobe, qui, avant sa conversion, avait été fervent adorateur des dieux, et qui devait s'y connaître en matière de croyances : « Si je rencontrais, dit-il, une pierre arrosée d'huile « (*lapidem ex olivi unguine sordidatum*), (voilà la consé- « cration), je lui parlais, je lui demandais des faveurs (*affa- « bar, beneficia poscebam*), comme si elle eût été habitée « par une puissance (*tanquam inesset vis præsens*).» Ail- leurs, le même auteur, après avoir accusé ses anciens coreligionnaires d'adorer des statues, leur prête cette ob- jection très-légitime : «Erreur ; nous n'adorons ni le bronze, « ni l'or, ni l'argent, mais ceux qu'une consécration reli- « gieuse (*dedicatio sacra*) rend les *habitants* de la pierre « (*efficit habitare simulacris*). C'est encore par allusion à la croyance générale en la puissance de la consécration de la pierre, *dedicatio sacra*, que Lucien, toujours disposé à railler lorsqu'une idée religieuse se rencontre sur son pas- sage, s'écrie : « Toute pierre rend des oracles (πας λιθος χρησμοδει) pourvu que l'huile sainte l'ait arrosée (1). »

« Comment, dit Minutius Félix, fait-on un dieu? On le « fond, on le frappe, on le sculpte ; il n'est pas encore dieu « (*nondum deus est*) ; on le soude, on le construit, on le « dresse ; il n'est pas encore dieu (*nondum deus est*); enfin, « on l'orne, ON LE CONSACRE, on le prie ; le voilà dieu, après « que l'homme l'a voulu et qu'il l'a dédié (2). »

---

(1) *Quos dedicatio infert sacra et fabrilibus efficit inhabitare simu- lacris..... In gypso ergo mansitant atque in testulis dii vestri; quin imo testularum et gypsi, mentes, spiritus atque animæ dii sunt; atque ut fieri augustiores, vilissimæ res possint; conclusi se patiuntur, et in sedis obscuræ coërcitione patiuntur* (Arnob. l. VI).

(2) *Ornatur, consecratur, oratur; tunc postremo deus est, cum homo illum voluit et dedicarit.*

« Dans l'Inde, dit Delafosse, le lingam sortant des mains de l'ouvrier est réputé instrument sans vertu, il n'en acquiert que par la consécration, c'est-à-dire *lorsqu'un brame l'a béni et y a incarné la divinité par des cérémonies religieuses* (1). »

En résumé, le phallus, de même que les statues, les pierres, les plantes et les animaux, objets du culte des peuples, n'était que l'enveloppe, le réceptacle, le véhicule de la divinité que l'on y supposait contenue, divinité à laquelle seule s'adressait le culte. Cette enveloppe, ce réceptacle, ce véhicule, variaient à l'infini sous le rapport de la forme, mais il n'était ni symbole, ni allégorie.

Origine du culte phallique. — En présence de toutes les preuves que nous venons de produire sur la grande extension du culte du phallus dans le monde, on se demande comment tant de peuples ont pu être amenés à un tel degré d'obscénité dans leur culte et dans leurs pratiques religieuses. Si le culte dont il s'agit n'eût été l'apanage que d'une localité isolée, on pourrait l'attribuer à une certaine aberration de l'intelligence, qui aurait exercé son empire sur quelques têtes dérangées. Mais l'universalité même du culte du phallus exclut une semblable hypothèse qui supposerait la folie du genre humain. Force est donc de chercher une autre interprétation.

Un culte ne s'invente pas, ne s'impose pas par l'homme dépourvu en cela de l'autorité suffisante. Si les cultes étaient d'invention humaine, ils varieraient à l'infini, ils changeraient chaque jour, à chaque heure, tant les idées des hommes sont elles-mêmes multiples et changeantes. C'est en

---

(1) *Essai historique sur l'Inde*, par Deflotte, p. 206, t. I, p. 311.

dehors, c'est au-dessus de l'homme qu'il faut chercher l'origine des religions des peuples : aussi sommes-nous peu surpris de l'accord que l'on rencontre sur ce point chez les auteurs qui se sont occupés de creuser cette grave question.

« Les formes et les modes d'adoration, dit Doellinger, étaient l'ouvrage des dieux eux-mêmes, soit qu'ils les eussent déterminés en personne ou par la voix des oracles, soit qu'ils les eussent conseillés ou inspirés à leurs descendants, issus d'une mère mortelle, soit enfin que ces dieux les eussent révélés par des prophètes illuminés (1). »

Saint Augustin ne pense pas autrement sur ce point; voici comment il s'exprime : « *Neque enim potuit, nisi primum ipsis docentibus, disci quid quisque illorum appetat, quid exhorreat, quo invitetur nomine, quo cogatur : unde magicæ artes earumque artifices exstiterunt* (2). » Dans un autre passage (*De Civit. Dei*, l. I, cap. 32), il ajoute : « *Ludi scenici, spectacula turpitudinum et licentia vanitatum non hominum vitiis, sed deorum vestrorum jussis Romæ instituti sunt.* »

« D'où, s'écrie Eusèbe (3), les hommes auraient-ils pu connaître toutes ces choses, si les démons eux-mêmes (c'est-à-dire les dieux) ne les leur eussent enseignées (*nisi dæmones iis res ipsi suas aperuissent*)? »

En d'autres termes, pour que l'homme connaisse la volonté des dieux, il faut que ceux-ci la lui enseignent, ipsis docentibus. C'est en vertu d'une révélation supérieure, réelle ou supposée, que naissent les religions, et il n'y a

---

(1) *Paganisme et Judaïsme*, t. I, p. 34.
(2) August., *Civit. Dei*, lib. XXI, cap. 6.
(3) Prépar. évang., l. V, c. 10.

pas lieu d'admettre une généalogie différente en ce qui regarde le culte du phallus. On comprend que nous ne puissions pas ici nous étendre davantage sur ce point. Passons à l'examen des faits.

Ecoutons Eusèbe ; le treizième chapitre du V° livre de ses *Préparations évangéliques* porte ce titre significatif : « Ipsas quoque simulacrorum figuras ab iis delineatas « fuisse. » C'est-à-dire : Preuves qu'ils (les dieux) ont même « enseigné et dessiné les formes de leurs statues. » Il est assurément difficile d'être plus net. Eusèbe reproduit ensuite quelques oracles dont l'un commence par ces paroles remarquables : « Sculptez-moi une statue en bois, comme je « vais vous l'enseigner, ornez-la de petits lézards domes- « tiques..... Adressez-moi ensuite vos vœux dans les termes « suivants, etc., etc. Vous me construirez une demeure « avec les rameaux d'un laurier....; puis, après avoir « adressé vos ferventes prières à cette image, vous me « verrez dans votre sommeil. » Pour une autre divinité, une autre forme est enseignée par l'oracle.

Eusèbe continue ainsi : « Pan, à son tour, parlant de lui-même, nous a enseigné l'hymne qu'on doit chanter en son honneur : J'adresse mes vœux, comme mortel, à Pan, le dieu qui unit les deux natures. Orné de deux cornes, bipède, avec les extrémités d'un bouc, et enclin à l'amour.» Hécate s'exprime aussi sur son propre compte de la manière suivante : «Faites tout ce qui me concerne, en y comprenant ma statue. Ma figure est celle de Cérès ornée de ses fruits, avec des vêtements entièrement blancs et des chaussures d'or. Autour de ma ceinture se jouent *de grands serpents qui, se traînant jusqu'à terre, sillonnent mes traces divines*; du sommet de ma tête, *d'autres serpents, répandus jusqu'à mes pieds et s'enroulant autour de mon corps, forment des spirales pleines de grâce.* Quant à la matière, elle doit être de marbre de Paros ou d'ivoire bien poli (1). »

Si nous étudions l'introduction à Rome du culte du ser-

---

(1) Voici quelques passages du texte latin, extraits des chapitres 12 et 13.

Eosdem magicarum artium, quibus simulacra conflaretur doctores fuisse.

« Et quidem ipsa quoque simulacra quemadmodum quare ex materia conformari deberent, ab iisdem traditum fuisse vel ex sequenti Hecates responso intelligitur.

« Purum absolve mihi simulacrum, quale docebo,
Sylvestri e ruta sacrum mihi perfice corpus :
Accedat tenuis mediisque penatibus errans
Stellio, quem styracis, myrrhæ, thurisque sabœi
Pulvere, crescentis commisce ad lumina Phœbes;
Dumque instas operi, hæc mihi concipe vota.

« Tum ipsam quoque voti formulam præscribit : simulque docet, quod ejusmodi animalcula admiscere oporteat.

« Quot, mihi sunt formæ, tot misce animalcula dextra
Sedulus, atque ultro nascentis brachia lauri
In nostram contexe domum : sic multa precatus
Effigiem, somni tandem me tempore cernes.
Eademque alibi simile quoddam simulacri genus indicavit.
Imo Pan ejusmodi quoque de se ipso hymnum edocuit.

« Oro mortalis satus Pana cognatum Deum, bicornem, bipedem,
« hircino crure, lascivientem.

« Hecate præterea de se ipsa hunc in modum cecinit :

« Cuncta mihi molire manu, frugumque potentis
Effigiem Cereris onflata ostendat imago.
Candida vestis est, pedibus sese aureus indat
Calceus : as zonam sine labe volumina circum
Plurimus anguis agat, summoque a vertice pendens,
Ultima producto stringat vestigia lapsu,
Ac pulchre implicitis circum undique flexibus esset.

« Et materiam ipsa prescribit :

« Aut secto ex ebore, aut pario de marmore surgat. »

pent, voici les renseignements fournis sur ce point par Valère Maxime. Une maladie pestilentielle ravageait cette ville depuis trois ans. On consulte les livres Sibyllins (*inspectis Sibyllinis libris*), et l'on obtient pour réponse qu'il n'y a pas d'autre remède au mal (*non aliter pristinam recuperari salubritatem posse*) que de faire venir à Rome le dieu d'Epidaure (*quam si ab Epidauro Esculapius esset accersitus*). Or, le dieu était..... un énorme serpent. Une députation de notables se rend à Epidaure, s'y fait initier dans les mystères du culte (*cultuque anguis à peritis accepto*), ramène l'animal à Rome, et voilà la religion du serpent définitivement introduite dans la ville éternelle. Il n'y a aucune raison pour admettre que les choses se passent autrement quand les documents historiques font défaut.

Voilà pour les divinités en général ; en ce qui regarde le culte de Priape et du phallus en particulier, il nous suffira de rappeler ce que nous avons dit plus haut, d'après Natalis Comes. A Athènes, l'oracle déclare nettement : « *Solum esse remedium malorum omnium, si cum honore* « *et pompa deum recepissent*, » et l'auteur ajoute : « *Quod* « *factum fuit.* » A Lampsaque, l'oracle déclare : «*Morbum* « *non prius cessaturum quam Priapum in patriam revo-* « *cassent.* »

On le voit, comme tous les autres cultes, le culte du phallus a été enseigné par les oracles ; comme les autres cultes, il émane d'une révélation étrangère à l'homme, et dont la légitimité seule peut ici faire question. Quelle que soit, au reste, l'interprétation à laquelle on se range, il faut opter entre celle qui précède ou la folie du genre humain. Nous croyons inutile d'insister plus longuement sur ce point.

II. — DU CULTE DU SERPENT CHEZ LES PEUPLES ANCIENS ET MODERNES.

Universalité du culte du serpent dans l'antiquité; sa persistance chez un grand nombre de peuples modernes. — Culte en Egypte, dans l'Inde, en Grèce, à Rome. — Secte des Ophites. — Culte du serpent retrouvé en Amérique lors de la découverte. — Culte chez divers peuples modernes; culte dans l'Inde, en Chine, en Amérique, en Afrique. — Importation du culte du serpent en Amérique par la traite des nègres. — Rapport du serpent avec les prêtresses. — Conclusions.

Quelque étrange et mystérieux que soit le culte du serpent, ce culte a été, sans contredit, un des plus répandus dans l'antiquité; on le constate en Egypte, dans l'Inde, chez les Perses, les Phéniciens, en Grèce et à Rome (1); il a joué un rôle considérable, au IIe siècle de notre ère, dans la secte des Ophites; on le retrouve, au XVIe siècle, en Amérique; de nos jours, il continue en Asie, en Amérique, en Océanie et dans une grande partie de l'Afrique; il a été signalé plusieurs fois dans ces derniers temps parmi les

_____

(1) On lit dans Selden : « *Serpentes seu dracones inter recondita gentium mysteria imprimis habita scio. Et docent Clemens Alexandrinus, Julius Firmicus, Justinus martyr, alii. Et quanto honore Ægyptiis et Phœnicibus olim serpens fuerit habitus, qui* Αγαθοδαιμων *et* Κνηφ *et Ophioneus dictus, videre est apud veteres, quos laudat Eusebiis. Neque in Mesopotamià esse serpentes, qui indigenas non lœdant, advenas autem vehementer infestent tradidisse Aristotelem libello* θαυμασιων *ignoro; unde satis esse potest verisimile et incolas et accolas, hos, ut malum averruncarent, ut gratias rependerent, illas serpentem adorasse. Ejusmodi enim cultus nec veteribus infrequens, neque novi orbis incolis.* » (J. Seldeni *de Dis Syris*, syntagm.— Lipsiæ, 1662, p. 305, in-12.)

nègres de la Nouvelle-Orléans ; enfin, au mois de février 1864, *le Moniteur* d'Haïti annonçait au monde étonné la condamnation à mort de huit habitants de cette île, sectateurs du Vaudou, convaincus d'avoir sacrifié et mangé un enfant par ordre de leur divinité.

Telle était, dans l'antiquité, l'extension qu'avait prise le culte du serpent, que l'on donnait aux temples en général le nom de *Draconia*, c'est-à-dire Maisons du Serpent. Quoi qu'il en soit, on ne saurait s'étonner du doute assez généralement professé aujourd'hui sur la réalité de ce culte chez les anciens, si l'on considère qu'en 1863, c'est-à-dire peu de semaines avant la perpétration du crime commis à Haïti, le président Geffrard lui-même qualifiait de *préjugé européen*, le soupçon que lui exprimait l'honorable archevêque Mgr du Cosquer, sur la probabilité du culte du Vaudou parmi ses concitoyens. Sans nier absolument le culte du serpent parmi les peuples anciens et modernes, quelques personnes se bornent à exprimer des doutes sur l'objet et la nature de ce culte dans lequel, en vertu de certaines tendances métaphysiques, on s'efforce à ne voir, comme toujours, que symboles, allégories, etc., là où l'observation, dégagée d'un scepticisme ridicule, montre partout, et aussi bien chez les peuples modernes que dans l'antiquité, un serpent en chair et en os, bref un serpent vivant.

La première mention historique de ce culte étrange est probablement celle que nous trouvons dans le livre de Daniel, et qui a trait à Babylone : « *Erat draco magnus in hoc loco, et colebant eum Babylonii.* » Il est évident, d'après le récit de Daniel, que le serpent de Babylone était un être vivant ; pourquoi donc en aurait-il été autrement du serpent égyptien et de ce fameux serpent d'Epidaure, représentant Esculape, qu'une ambassade romaine eut un beau

jour mission de transporter dans la ville éternelle? Pourquoi, enfin, en serait-il autrement du serpent des îles Viti,
dans l'Océan Pacifique, qui, aujourd'hui encore, représente la principale divinité du pays; enfin, du *Vaudou* de
la Nouvelle-Orléans, que la police locale surprit, il y a
quelques années, au milieu de la nuit, dans une cage sur-
montée par une pythonisse écumante, autour de laquelle
des milliers de sectateurs des deux sexes, dans une complète nudité, se livraient à une danse orgiaque des plus
échevelées?

Quand un culte d'une si évidente identité s'observe
à travers un si grand nombre de siècles, dans toutes les
parties du monde, dans tous les climats, chez les nations
les plus distantes entre elles et les plus variées, comment
ne pas reconnaître que les conditions ethniques sont sans
influence sur le culte des peuples? En second lieu, quand
on compare le sacrifice tout isolé d'Haïti avec les héca-
tombes de victimes humaines du Dahomey, mais dont la
population, de même race à la vérité que celle d'Haïti,
professe officiellement par contre le culte du serpent,
comment ne pas reconnaître aussi que c'est la religion qui
engendre les mœurs et la civilisation des peuples, loin
d'être produite par ces dernières, comme on le croit et
comme on nous le répète chaque jour? En d'autres termes,
la religion d'un peuple est cause, non effet de sa civilisation ou de sa barbarie.

Du culte du serpent en Egypte et dans l'Inde. — « Nulle
part, dit Philarque, le serpent n'a été adoré avec tant de
ferveur; jamais peuple n'a égalé l'Egyptien dans l'hospi-
talité donnée aux serpents (1). » On lit dans Elien : « A

---

(1) *Philarchus libro duodecimo in vulgus edidit, aspides ab Ægyptiis.*

Météli, en Égypte, un serpent habite une tour où il reçoit les honneurs divins. Il a ses prêtres et ses ministres, sa table et sa coupe (1).

Les serpents servaient à discerner le bien du mal, se montraient amis des gens de bien et ne donnaient la mort qu'aux méchants. Pas un coin des temples où il n'y eût un petit sanctuaire souterrain destiné à ces reptiles qu'on nourrissait avec de la graisse de bœuf (2).

« Les temples égyptiens, dit Clément d'Alexandrie, leurs portiques et leurs vestibules sont magnifiquement construits ; les cours sont ornées de colonnes ; des marbres précieux et brillant de couleurs variées en décorent les murs. Les petits sanctuaires resplendissent de l'éclat de l'or, de l'argent, de l'électrum, des pierres précieuses de l'Inde et de l'Ethiopie : tous sont ombragés par des voiles tissus d'or. Mais, si vous pénétrez dans le fond du temple, et que vous cherchiez la statue du Dieu auquel il est consacré, un fonctionnaire s'avance d'un air grave, en chantant un pœan en langue égyptienne ; il soulève un peu le voile, comme pour

---

vehementer coli, easdem ex eo cultu prorsus mansuescere. Ægyptii in aspidum nationem hospitalissim.. Apud Ælian, l. XVII, c. 5.

(1) Un jour, ajoute Élien, le plus âgé de ces prêtres, poussé par le désir de voir le dragon, entra seul, mit la table du dieu et sortit du sanctuaire. Aussitôt le dragon arriva, monta sur la table et fit son repas. Tout à coup, le prêtre ouvrit les portes. Le serpent, en courroux, se retira ; mais le prêtre ayant vu, pour son malheur, celui qu'il désirait voir, devint fou. Après avoir avoué son crime, il perdit l'usage de la parole et tomba mort. (Ælian, *De nat. anim.*, l. XI, c. 17.)

(2) *Aspidis genus Thermutin Ægyptii nominant, quam sacram esse aiunt, et summâ religione colunt... In sacris igitur ædibus ad unumque angulum subterranea saccilla exædificant, ubi Thermuthes collocant, et bubulum adipem edendum intervallis quibusdam eis abjiciunt.* (Ælian, *De natur. animal*, lib. X, c. 31.)

vous montrer le dieu. Que voyez-vous alors? Un chat, un crocodile....., *un serpent!* Le dieu des Egyptiens paraît..... C'est une affreuse bête, se vautrant sur un tapis de pourpre. »

Ce culte existait aussi chez les peuples de l'Inde (1). « Un grand serpent, dit M. G. des Mousseaux, joua un rôle considérable au commencement du monde, et un temple est érigé en son honneur, à l'est de Maïssour, dans le lieu appelé *Joubra-Manniah.* Tous les ans, au mois de décembre, on y célèbre une fête solennelle. D'innombrables pèlerins viennent de fort loin pour offrir au dieu, gardien et protecteur du pays, des adorations et des sacrifices. Beaucoup de serpents ont établi leur domicile dans l'intérieur du temple, où ils sont entretenus et nourris par les brahmes (2).

Du culte du serpent en Grèce et en Épire. — Aucun animal n'a obtenu en Grèce les honneurs divins, *à la seule exception du serpent.* Il avait un grand nombre de temples dont le plus célèbre était celui d'Epidaure, en Argolide, où il représentait Esculape. A Athènes, on conservait un serpent *vivant* comme protecteur de la ville ; on y nourrissait aussi d'autres serpents que l'on interrogeait comme des oracles (3). Adrien fit construire dans cette ville un temple splendide dont un serpent énorme, apporté de l'Inde, représentait la divinité (4). A Délos, Apollon était adoré sous la forme d'un serpent.

_____

(1) *Maxim. Tyr. dissert.,* VIII, p. 139, édit. Reiske, *Radjataran-gini,* traduit par Troyer, t. II, p. 457.

(2) *Mœurs et institutions des peuples de l'Inde,* par M. Dubois, supérieur des missions étrangères, qui a séjourné 28 ans aux Indes, t. II, ch. 12, p. 435.

(3) Pausanias, l. II, p. 175.

(4) Dion.; *in Adrian.*

« Dans les orgies solennelles en l'honneur de Bacchus, dit Clément d'Alexandrie, des prêtres, qu'on dirait piqués par un œstre furieux, déchirent des chairs palpitantes, et, couronnés de serpents, ils appellent Eve par de terribles hurlements, Eve qui, la première, ouvrit la porte à l'erreur. L'objet spécial du culte bachique est *un serpent consacré par des rites sacrés*. Si l'on veut savoir la signification précise du mot *Eva*, il faut savoir que, prononcé avec une forte aspiration, *Héva* veut dire *serpent femelle* (1). »

Le serpent a joué un rôle important dans la vie de plusieurs célèbres devins de la Grèce. Ainsi, Tirésias, à qui la déesse Athéné avait donné l'intelligence du langage des oiseaux, rencontra un jour, sur le mont Cyllène, deux serpents qui lui valurent le pouvoir de changer de sexe (2). Le devin Hopsus mourut, en Lybie, de la morsure d'un serpent (3). De même, Mélampus devait sa vertu prophétique à deux serpents qu'il avait sauvés de la mort et qui lui avaient léché les oreilles. Les mêmes reptiles jouaient aussi un rôle dans la légende du devin Polyïdius, d'Argos, également habile à comprendre le langage des oiseaux (4).»

En Epire, le serpent avait son sanctuaire dans un bois sacré, où une *vierge* seule, sa prêtresse, avait accès près de lui. Seule elle pouvait porter à manger au dieu et l'interroger sur l'avenir. Suivant la tradition du pays, ce serpent descendait du serpent Python, de Delphes (5).

---

(1) *Et tunc cum orgiorum bacchicorum sit quasi quoddam insigne serpens arcano ritu consecratus ; tum vero si accurate vocem hebraicam interpretari velis, Heva, cum aspiratione graviori serpentem femininam significat. Cohortat ad gentes. c. 2.*

(2) Apollod., III, 6, 7, Hygin., Fab. 75; Ovid., *Metam.*, III, 320.

(3) Appollon., *Argon.*, 1, 80, IV, 1518.

(4) A. Maury, *Religions de la Grèce*, t. II, p. 464 et 482.

(5) *Lucus apud eos Deo sacer est et muro septus, intra quem dra-*

Du culte du serpent à Rome. — Dès leur première origine, on voit les Romains vouer un culte au serpent. Près de Lavinium (1) était un lieu sacré, sombre, où, dans une caverne profonde, habitait un grand serpent. Des vierges (*virgines sacræ*) étaient les seules prêtresses du dieu. Quand elles entraient pour lui donner à manger, on leur bandait les yeux, mais un esprit divin les conduisait droit à la caverne. Si le serpent ne mangeait pas les gâteaux, c'était une preuve que la jeune fille qui les avait présentés avait cessé d'être vierge, et elle était impitoyablement mise à mort.

Plus tard, le serpent indigène fut remplacé par un serpent étranger, et voici à quelle occasion.

Vers l'an 401 de Rome, cette ville étant ravagée depuis trois ans par une maladie pestilentielle meurtrière, on consulta les livres sibyllins (*inspectis sibyllinis libris*), et l'on y constata que l'épidémie ne devait cesser que lorsqu'on aurait fait venir Esculape d'Épidaure à Rome. Une députation se rendit dans ce but en Grèce, où elle trouva le dieu représenté par un énorme serpent qui fut embarqué, et qui, arrivé à Rome, quitta spontanément le navire pour se rendre directement dans son temple, construit dans une île du Tibre. Ajoutons que, d'après les historiens romains,

---

cones sunt Deo grati. Huc Virgo *sacerdos accedit* sola, *et victum draconibus porrigit. Eos Epirota a Pythone Delphico prognatos aiunt.*

(1) *In Lavinio sacer est lucus magnus et opacus, juxtaque ipsum ædes Junonis Argolidis. In luco autem lotibulum est amplum ac profundum, draconis cubile. In hunc lucum* sanctæ virgines *statis diebus ingrediuntur quæ mazam gestant manibus, oculos fasciis divinctæ; eos recta ad latibulum divinus quidam spiritus deducit, sensimque ac pederentim progrediuntur sine offensione, ac si oculis delectis viderint. Quod si virgines fuerint, cibos tanquam puros et deo gratæ animanti convenientes admittit draco, sin minus, non attingit, corruptas esse intelligens et divinans.* (Elian, lib. XI, cap. 16.)

l'opération fut suivie d'un plein succès. Le serpent fit cesser l'épidémie : *tempestatem dispulit*, dit Valère Maxime ; les paroles d'Aurelius Victor ne sont pas moins explicites : « *Et pestilentia mirâ celeritate sedata est.* »

Sous l'Empire, le serpent était partout, dans les temples des dieux, dans le boudoir des dames, dans le cabinet des empereurs. Tibère avait son serpent familier, qui le suivait partout et qu'il nourrissait lui-même, *manu sua*. Pendant sa retraite à Caprée, il lui prit un jour fantaisie de revoir Rome ; il n'était même plus qu'à sept milles de cette ville, lorsqu'il demanda son serpent familier pour lui donner à manger (*quem ex consuetudine manu sua cibaturus*, dit Suétone). Malheureusement le serpent avait été dévoré par les fourmis (*consumptus à formicis*) ; l'oracle consulté ayant déclaré cet incident de sinistre augure, l'Empereur prit le parti de retourner immédiatement à Caprée.

Néron portait comme préservatif une peau de serpent liée autour du bras, et il avait même adopté le serpent pour patron (1); Héliogobale fit venir d'Égypte des serpents à titre de dieux domestiques (2).

Du culte du serpent dans la secte des Ophites. — Au II⁰ siècle de notre ère, on vit tout à coup surgir, parmi les Gnostiques, une secte nombreuse, qui, à raison de son culte particulier pour le serpent, reçut le nom d'Ophites. Ils croyaient que la sagesse s'était manifestée aux hommes *sous la figure d'un serpent*. Ils adoraient un serpent renfermé dans une cage, et, lorsque le temps de célébrer la

(1) Montfaucon, *Antiq. expl.*, l. I⁰⁰.
(2) *Ægyptios dracunculos Romæ habuit quos illi agathodæmones appellant.* Lamprid. *in Heliogab.*

mémoire du service rendu au genre humain par l'arbre de la science était venu, ils ouvraient la cage et appelaient le serpent, qui montait sur la table et se roulait autour des pains, ce qu'ils prenaient pour un sacrifice parfait. Après l'adoration du serpent, ils offraient, par lui, un hymne de louanges au père céleste et terminaient ainsi leurs mystères. Dans son traité contre Celse, Origène en parle dans les termes suivants : « Celse devait savoir que ceux qui prennent le parti du serpent et qui, pour cette raison, sont appelés *Ophites*, sont si éloignés d'être chrétiens, qu'ils n'ont pas moins d'animosité contre Jésus que Celse lui-même. Ils ne reçoivent aucun membre dans leurs assemblées qu'après lui avoir fait prononcer des imprécations contre Jésus. Voyez combien c'est être déraisonnable, en écrivant contre les chrétiens, de vouloir faire passer pour chrétiens des gens qui ne peuvent souffrir qu'on leur parle de Jésus, même comme d'un homme sage et de bonnes mœurs. Ces impies, comme s'ils étaient des serpents et non des hommes, qui ont une horreur naturelle pour le serpent, leur plus mortel ennemi, se font gloire d'être appelés *Ophites*. »

Du culte du serpent chez quelques peuples modernes. — Dans le nord de l'Europe, les Lithuaniens, les Samogitiens et autres nations du nord, appelaient les serpents à sanctifier leur table. Dans l'angle de leurs huttes étaient entretenus des serpents sacrés. A certains jours on les faisait monter sur la table, au moyen d'une nappe blanche qui descendait jusqu'à leur repaire. Ils goûtaient à tous les mets et rentraient dans leur trou. Les aliments étaient ainsi sanctifiés. Chez les anciens Scandinaves, l'animal qui personnifiait le terrible fils de Loke, le principe du mal, était encore un prodigieux serpent enveloppant le monde et le pénétrant de son venin. L'Ève des Scythes, c'est-à-dire la

mère de cette race d'hommes, était, d'après Hérodote, un
monstre moitié femme et moitié serpent.

« Encore aujourdhui, les Hindous rendent un culte domestique à un serpent dont la morsure donne presque su-
bitement la mort ; on le nomme serpent *Capel*..... Les
dévots vont à la recherche des trous où se tiennent ces serpents. Lorsqu'ils ont eu le bonheur d'en découvrir quelques-uns, ils déposent religieusement du lait à l'entrée, des
bananes et autres aliments. Un d'eux vient-il à s'introduire
dans une maison, il y est soigneusement nourri et honoré
par des sacrifices (1). »

« Récemment, écrit le P. Moré, j'ai été témoin oculaire,
à Calcutta, d'une fête religieuse célébrée en l'honneur de
la déesse Kalli : la multitude des curieux était immense, elle
couvrait en quelque sorte le nombre des pénitents ; mais le
second et le troisième jour, je vis en beaucoup d'endroits,
principalement au coin des rues et dans les carrefours, des
hommes qui avaient le milieu de la langue transpercé ver-
ticalement d'une longue barre de fer ; ils l'agitaient en
cadence au son des instruments, et ils dansaient eux-mêmes
en cet état. D'autres s'étaient fait une large ouverture
aux reins et aux épaules, et dans chacun des trous passait *un serpent* énorme dont les replis enveloppaient leur
corps (2). »

On lit dans les *Annales de Philos. Chrét.* t. XVI, p. 355,
la relation suivante, relative à la ville de Ting-Haë, en
Chine. « Les habitants se plaignaient de la sécheresse.....
Il fut décidé *que le Dragon paraîtrait dans les rues et qu'on*

(1) Gaume, *Traité du Saint-Esprit*. Paris, 1864, t. I", p. 374.

(2) *Annales de la propagation de la foi*, p. 535, t. IX. Lettre du
P. Moré, du 22 avril 1836.

le prierait solennellement d'envoyer la pluie dans les campagnes. Au jour fixé, nous vîmes se dérouler, dans la rue principale de Ting-Haë les replis du monstre, porté par cinquante ou soixante personnes, autour desquelles se pressait toute la populace de la ville. »

Aux îles Viti, dans l'Océan polynésien, les habitants adorent dans un énorme serpent leur principale divinité, qui porte le nom de Ndengeï (1).

Lors de la découverte de l'Amérique, les Espagnols constatèrent, sur divers points, des traces incontestables du culte du serpent, et l'on se rappelle qu'à Mexico, Huitzilopochtli, principale divinité de l'empire, était assis sur une grande pierre carrée de chaque angle de laquelle sortait un serpent monstrueux. La face du dieu était recouverte d'un masque auquel était suspendu un autre serpent. Le temple dédié à Quetzalcohuatl, autre divinité mexicaine, était de forme ronde, et son entrée représentait une gueule de serpent, béante d'une manière horrible, et qui remplissait d'effroi ceux qui s'en approchaient pour la première fois (2). En 883, Quetzalcohuatl avait jeté les fondements d'un nouveau temple à côté de son palais, sa forme était celle d'une pyramide aux proportions grandioses, dont la surface supérieure devait porter une rotonde consacrée au dieu de l'air. Un escalier gigantesque s'élevait extérieurement jusqu'au sommet, et, de chaque côté, *des serpents de figure monstrueuse servaient de rampes*, présentant dans

---

(1) On lit dans Prichard, *Researches into the physical history of mankind.* London, 1845, in-8°, t. V, p. 247 : « The Vitian pantheon contains numerous deities; the highest is Ndengeï, who is worshipped in the form of a great serpent, alledged to dwell in a district near the western end of Viti-liou. »

(2) Torquemada, *Monarq. Ind.*, lib. VIII, cap. 2.

leurs gueules béantes, au pied du monument, chacun une tête ornée du diadème de Quetzalcohuatl (1).

Dans les annales les plus reculées des Mexicains, la première femme, appelée par eux *la mère de notre chair*, est toujours représentée comme vivant en rapport avec un grand serpent. Cette femme, figurée dans leurs monuments par une multitude d'hiéroglyphes, porte le nom de Cihua-Cohuatl, ce qui signifie mot à mot *femme au serpent*.

De nos jours, le culte du serpent se retrouve jusque dans le Wisconsin, dans l'Amérique du nord. Le P. Bonduel, qui avait séjourné pendant près de vingt ans dans ce pays où il est retourné depuis, nous racontait, en 1858, que les sorciers ne s'y livrent jamais à leurs pratiques magiques que dans des lieux arides, sur les bords de marais fangeux, et la tête entourée de la peau du grand serpent Ketch-Kénebeck. La formule de leur évocation commence par ces paroles redoutables : « O toi, qui es armé de dix « griffes, descends dans ma cabane. » La prière continue, selon le P. Bonduel, jusqu'à ce que la cabane se mette à balancer, au point que le sommet touche le sol.

Du culte du serpent en Afrique. — C'est surtout en Afrique que le culte du serpent est resté très-répandu, et tout porte à croire que c'est là que le culte du Vaudou des nègres de l'Amérique a pris son origine.

« Parmi toutes les nations noires que j'ai connues, dit Oldendrop (2), il n'y en a pas une, même parmi les plus ignorantes et les plus grossières, qui ne croie en un dieu,

---

(1) Cod. Chimalp., *Hist. chron..*, ad an 883. — Sahagun, *Hist. de Nueva-España*, lib. X, cap. 29. — Torquemada, *Monarq. Ind.*, lib. VI.

(2) *Geschichte der Mission der evang. Brüder auf St Thomas*, etc. Barby, 1777.

qui n'ait appris à lui donner un nom, qui ne le considère
comme le créateur du monde. Ils admettent aussi plusieurs
divinités d'ordre inférieur, soumises au dieu souverain, et
servant de médiateurs entre lui et les hommes. Ce sont
ces divinités secondaires qu'ils révèrent dans les serpents,
les tigres, les loups, dans les rivières, les arbres, les mon-
tagnes, et dans certaines pierres que leur forme, leur po-
sition ou les légendes qui s'y rattachent ont rendues un
objet de vénération. Les plus stupides d'entre les nègres
imaginent que le serpent, le tigre et la pierre sont réelle-
ment des dieux, que l'arbre entend leur prière et que le
tigre peut faire pleuvoir; mais les nègres les plus intelli-
gents considèrent ces objets comme des représentations de
dieux inférieurs et supposent que les divinités locales habi-
tent sous certains arbres ou sur certaines collines où elles
demeurent invisibles..... Les Fidas, outre le grand serpent
qui est la divinité de toute la nation, ont chacun leurs petits serpents, adorés comme des dieux pénates, mais qui ne
sont pas estimés à beaucoup près aussi puissants que l'autre
dont ils ne sont que les subordonnés. Quand un homme
a reconnu que son dieu lare, son serpent domestique, est
sans force pour lui faire obtenir ce qu'il demande, il a recours au grand serpent.

« Les sacrifices qui, chez ces peuples, forment la partie
la plus importante des cultes, se célèbrent toujours dans des
lieux saints, et par l'intermédiaire de personnes consacrées.
Les lieux saints sont ceux où une de leurs divinités réside,
soit sous une forme visible, soit à l'état invisible. Ce sont
en général d'anciens édifices, des collines, des arbres remarquables par leur vétusté, par leur hauteur ou leur
grosseur. Ils ont aussi des bois sacrés où quelque divinité est
supposée faire son séjour, et où nul homme, s'il n'est sor-
cier ou prêtre, ne se hasarderait à pénétrer. Les offrandes

des nègres consistent en bœufs, vaches, moutons, etc. Quelques nations offrent aussi des sacrifices humains. Au nombre des fêtes annuelles, il faut compter le pèlerinage de la nation des Fidas au temple du grand serpent. Le peuple réuni devant la demeure du serpent, prosterné la face contre terre, adore cette divinité, sans oser lever les yeux vers elle. A l'exception des prêtres, il n'y a que le roi qui ait droit à cette faveur et pour une fois seulement. »

Culte du serpent dans le Dahomey il y a cent ans. — Si le culte des peuples de l'intérieur du continent africain est peu connu, en revanche nous possédons quelques renseignements sur ce qui se passe sur cette partie de la côte occidentale. On trouve déjà d'intéressants documents dans un livre publié il y a près d'un siècle par le président de Brosses, membre de l'ancienne Académie des inscriptions (1). Nous allons en reproduire quelques passages, en faisant observer que cet auteur désigne sous le nom de *Juidah* le port que l'on appelle aujourd'hui Widah.

« Je ne puis, dit l'auteur, supprimer le récit du fétichisme en usage à Juidah, petit royaume sur la côte de Guinée, qui servira d'exemple pour tout ce qui se passe de semblable dans le reste de l'Afrique ; surtout par la description du culte rendu au serpent rayé, l'une des plus célèbres divinités des noirs. On verra *combien il diffère peu de celui que l'Egypte rendait à ses animaux sacrés*. Je tirerai ma narration d'Atkins, de Bosman, et de Des Marchais, qui tous trois ont souvent fréquenté et bien connu les mœurs de ce canton de la Nigritie.

(1) *Du culte des dieux fétiches, ou parallèle de l'ancienne religion de l'Egypte avec la religion actuelle de Nigritie,* par M. le président de Brosses. Paris, 1760, in-12, pages 25 à 46.

« Le serpent est un bel animal, gros comme la cuisse d'un homme et long d'environ sept pieds, rayé de blanc, de bleu, de jaune et de brun, la tête ronde, les yeux beaux et fort ouverts, sans venin, d'une douceur et d'une familiarité surprenantes avec les hommes. Ces reptiles entrent volontiers dans les maisons; ils se laissent prendre et manier même par les blancs, et n'attaquent que l'espèce des serpents venimeux, longs, noirs et menus, dont ils délivrent souvent le pays, comme l'ibis en Egypte. Toute cette espèce de serpents, si l'on en croit les noirs de Juidah, descend d'un seul qui habite l'intérieur du grand temple près de la ville de Shabi, et qui, vivant depuis *plusieurs siècles*, est devenu d'une grosseur et d'une longueur démesurées. Il avait ci-devant été la divinité des peuples d'Ardra; mais, ceux-ci s'étant rendus indignes de sa protection, le serpent, de son propre mouvement, donna la préférence aux peuples de Juidah; ayant quitté ceux d'Ardra au moment même d'une bataille que les deux nations allaient se livrer, on le vit publiquement passer d'un des camps à l'autre. Loin que sa forme eût rien d'effrayant, il parut si doux et si privé, que tout le monde fut porté à le caresser. Le grand prêtre le prit dans ses bras et le leva pour le faire voir à l'armée. A la vue de ce prodige, tous les nègres tombèrent à genoux et lui rendirent un hommage dont ils reçurent bientôt la récompense, par la victoire complète qu'ils remportèrent sur leurs ennemis. On bâtit un temple au nouveau fétiche; on l'y porta, sur un tapis de soie, en cérémonie, avec tous les témoignages possibles de joie et de respect; on assigna un fonds pour sa subsistance; on lui choisit des prêtres pour le servir, *et des jeunes filles pour lui être consacrées* (1), et bientôt cette nouvelle divinité prit,

---

(1) Bosman, p. 376. Des Marchais, t. II.

l'ascendant sur les anciennes. Elle préside au commerce, à l'agriculture, aux saisons, aux troupeaux, à la guerre, aux affaires publiques du gouvernement, etc. Avec une si haute opinion de son pouvoir, il n'est pas surprenant qu'on lui fasse des offrandes considérables : ce sont des pièces entières d'étoffes de coton ou de marchandises de l'Europe, des tonneaux de liqueurs, des troupeaux entiers; ses demandes sont pour l'ordinaire fort considérables, étant proportionnées aux besoins et à l'avarice des prêtres, qui se chargent de porter au serpent les adorations du peuple, et de rapporter les réponses de la divinité, n'étant permis à personne autre qu'aux prêtres, *pas même au roi, d'entrer dans le temple et de voir le serpent.* La postérité de ce divin reptile est devenue fort nombreuse. Quoi qu'elle soit moins honorée que le chef, il n'y a pas de nègre qui ne se croie fort heureux de rencontrer des serpents de cette espèce, et qui ne les loge ou les nourrisse avec joie. Un Portugais, arrivé depuis peu sur la côte, eut la curiosité d'emporter un serpent fétiche au Brésil. « Lorsque son « vaisseau fut prêt à partir, il se procura secrètement un de « ces animaux, qu'il renferma dans une boîte; et, s'étant « mis dans un canot avec sa proie, il comptait se rendre « droit à bord. *La mer était calme; cependant le canot fut* « *renversé* et le Portugais se noya. Les rameurs nègres « ayant rétabli leur canot, retournèrent au rivage, et né- « gligèrent d'autant moins la boîte, qu'ils avaient vu le « Portugais fort attentif à la garder. Ils l'ouvrirent avec de « grandes espérances; quel fut leur étonnement d'y trouver « un de leurs fétiches! Leurs cris attirèrent un grand « nombre d'habitants, qui furent informés aussitôt de l'au- « dace du Portugais. Mais comme le coupable était mort, « les prêtres et la populace fondirent sur tous les mar- « chands de sa nation qui étaient dans le pays, les massa-

« crèrent et pillèrent leurs magasins. Ce ne fut qu'après
« de longues difficultés, et même à force de présents qu'ils
« se laissèrent engager à permettre aux Portugais de con-
« tinuer leur commerce. » Les animaux qui tueraient ou
blesseraient un serpent, ne seraient pas plus à couvert du
châtiment que les hommes. La voracité d'un cochon des
Hollandais qui en avait mangé un, causa la mort de presque
tous les porcs du pays.

« On a soin de bâtir de tous côtés des cabanes ou temples
pour servir de retraite aux fétiches, et l'intendance de
chacun de ces bâtiments est confiée pour l'ordinaire à une
vieille prêtresse. De toutes les cérémonies, la plus solennelle est la procession qui se fait au grand temple de
Shabi, avec tout l'appareil que ces peuples sont capables d'y
mettre : elle n'est pas composée de moins de cinq cents
personnes, tant archers que musiciens, sacrificateurs, ministres portant les offrandes, prêtres et grands du royaume
de l'un et l'autre sexe. Le roi ou la reine mère et le grand
pontife la conduisent chacun une canne ou sceptre à la
main : ce qui rappelle l'idée de tant de figures de rois ou
de prêtres qu'on voit dans les sculptures égyptiennes se
présenter devant leurs divinités, ayant à la main le sceptre
antique, qui est une espèce de canne à crochet. Cette procession se prosterne à la porte du temple, le visage contre
terre, la tête couverte de cendres, et fait son invocation,
tandis que les ministres du temple reçoivent les présents
pour les offrir à la divinité. Le grand sacerdoce donne un
pouvoir presque égal à l'autorité royale, dans l'opinion où
l'on est *que le pontife converse familièrement avec le grand
fétiche.* Cette dignité est héréditaire dans la même famille. Les prêtres forment un ordre à part, comme en
Egypte : *on les reconnaît aux piqûres cicatrisées qu'ils ont
sur le corps.* Quant aux prêtresses, voici la forme de les

choisir. Pendant un certain temps de l'année, les vieilles prêtresses, armées de massues, courent le pays depuis le coucher du soleil jusqu'à minuit, furieuses comme des bacchantes. *Toutes les jeunes filles d'environ douze ans* qu'elles peuvent surprendre leur appartiennent de droit. Elles enferment ces jeunes filles dans leurs cabanes; elles les traitent assez doucement, les instruisant au chant, à la danse, aux rites sacrés. Après les avoir stylées, *elles leur impriment la marque de leur consécration, en leur traçant sur la peau, par des piqûres d'aiguille, des figures de serpents.* On dit alors *que le serpent les a marquées.* En général, le secret sur tout ce qui arrive aux femmes dans l'intérieur des cloîtres est tellement recommandé, sous peine d'être emportée et brûlée vive par le serpent, qu'aucune d'entre elles n'est tentée de le violer.

« Les vieilles les ramènent pendant une nuit obscure, chacune à la porte de leurs parents qui les reçoivent avec joie, et paient fort cher aux prêtresses la pension du séjour, *tenant à honneur la grâce que le serpent a faite à leur famille.* Les jeunes filles commencent dès lors à être respectées et à jouir de quantités de priviléges. *Lorsqu'elles sont nubiles, elles retournent au temple en cérémonie et fort parées, pour y épouser le serpent. Le mariage est consommé la nuit suivante* dans une loge écartée, pendant que les compagnes de la mariée dansent loin de là au son des instruments. On dit que le serpent s'acquitte lui-même de ce devoir conjugal. Le lendemain on reconduit la mariée dans sa famille, et, de ce jour-là, elle a droit aux rétributions du sacerdoce. Au reste le mystère est indispensable sur tout ce qui se passe dans les lieux sacrés, à peine du feu. Indépendamment de cette espèce de religieuses attitrées, il y a une consécration passagère pour les jeunes femmes ou filles attaquées de vapeurs hystériques, maladie qui paraît commune en cette contrée. On s'imagine que ces filles ont été touchées du serpent qui, ayant conçu de l'inclination pour elles, *leur a inspiré cette espèce de furie;* quelques-unes se mettent tout à coup à faire des cris affreux, et assurent que le fétiche les a touchées. Elles deviennent furieuses *comme des Pythonisses;* elles brisent tout ce qui leur tombe sous la main, et font mille choses nuisibles. »

Culte actuel du serpent au Dahomey. — Après les documents qui précèdent et qui donnent une idée de ce qui se passait dans cette partie de l'Afrique il y a un siècle, les renseignements tout récents fournis sur le même pays par M. Répin, chirurgien de la marine impériale, qui a eu le rare privilége de visiter le Dahomey, présentent sans doute un intérêt spécial (1).

« Ma première visite à Widah, dit ce médecin, fut pour le temple des serpents, situé non loin du fort, dans un lieu un peu isolé, sous un groupe d'arbres magnifiques. Les murs du temple, en terre sèche, sont percés de deux portes opposées, par lesquelles entrent et sortent librement les divinités du lieu. La voûte de l'édifice, formée de branches d'arbres entrelacées qui soutiennent un toit d'herbes sèches, est constamment tapissée d'une *myriade de serpents* que je pus examiner à mon aise..... Leur taille varie d'un à trois mètres, ils ont le corps cylindrique, fusiforme, c'est-à-dire un peu renflé au milieu, et se terminant par une queue formant le tiers à peu près de la longueur totale de l'animal. La tête est large, aplatie et triangulaire, à angles arrondis, soutenue par un cou un peu moins gros que le corps. Leur couleur varie du jaune clair au jaune ver-

(1) Voy. *Le tour du monde*, 1863, p. 9 .

dâtre. Le nombre de ces animaux s'élève à plus d'une centaine. Les uns descendaient ou montaient, enlacés à des troncs d'arbres disposés à cet effet le long des murailles ; les autres, suspendus par la queue, se balançaient nonchalamment au-dessus de ma tête, dardant leur triple langue et me regardant avec leurs yeux clignotants ; d'autres enfin, roulés et endormis dans les herbes du toit, digéraient sans doute les dernières offrandes des fidèles. Malgré l'étrangeté fascinante de ce spectacle, je me sentais mal à l'aise au milieu de ces visqueuses divinités, et, comme au sortir d'un mauvais rêve, je laissai échapper en quittant le temple un soupir de soulagement.

« Il n'est pas rare de voir dans les rues de la ville quelques-uns de ces animaux sacrés promenant leurs loisirs. Quand les nègres les rencontrent, ils s'en approchent avec les plus grandes marques de respect et en se tenant sur les genoux, les prenant dans leurs bras avec mille précautions, s'excusant de la liberté grande, et ils les reportent dans leur temple de crainte qu'il ne leur arrive quelque fâcheux accident. Il y a quelques années, un employé, récemment débarqué, fit feu, dans la cour du fort, sur un de ces animaux qu'il prenait pour un serpent ordinaire. Malgré le soin qu'on eut de tenir l'affaire secrète, il en transpira quelque chose, et il fallut acheter chèrement le pardon des prêtres offensés. Mais il est probable que, si le crime eût été commis dans les rues de la ville, le fanatisme populaire, de moins facile composition, en eût tiré une sanglante vengeance. »

Les prêtres du serpent mènent une existence isolée, aussi fut-il impossible au docteur Répin de se mettre en rapport avec eux. Les prêtresses paraissent être plus abordables.

Rapport des vierges prêtresses avec le serpent. — On comprend qu'un serpent, même dieu, ne puisse pas vivre de l'air du temps, et que, si l'on veut prévenir ses escapades, il soit prudent de pourvoir à sa subsistance. Jusque-là, rien de mieux. Mais le soin de l'alimentation de la divinité ne semble pas exiger rigoureusement le sexe féminin, ni moins encore la virginité des prêtresses.

On a dû remarquer, en effet, que, de tous temps et partout, en Grèce comme à Lavinium et à Widah, des jeunes vierges, *virgines sacræ*, sont seules admises à remplir les fonctions de prêtresses près du terrible reptile. En second lieu, les récits anciens et modernes sont unanimes dans leurs allusions à un *mariage des prêtresses avec le serpent.*

« On choisit, disait il y a cent ans le président de « Brosses, des jeunes filles pour être consacrées au serpent. « Lorsqu'elles sont nubiles, elles retournent au temple en « cérémonie et fort parées, *pour y épouser le serpent. Le* « *mariage est consommé, la nuit suivante, dans une loge* « *écartée,* pendant que les compagnes de la *mariée* dansent « au son des instruments. *On dit que le serpent s'acquitte* « *lui-même de ce devoir conjugal.* Le lendemain, on re- « conduit la mariée dans sa famille, et, *de ce jour-là*, elle a « droit aux rétributions du sacerdoce. »

En 1863, M. Répin s'exprimait ainsi : « Nous mîmes un instant pied à terre pour recevoir les compliments des prêtresses du serpent..... Ces dames, au nombre de six, étaient ornées d'une grande profusion de colliers d'ambre et de corail ; la partie inférieure de leur corps était couverte de pagnes de soie de couleurs éclatantes. C'étaient les prêtresses *ou les épouses du serpent.* A certaines époques de l'année, les vieilles prêtresses parcourent les rues du village, enlevant les jeunes filles *de huit à dix ans* qu'elles rencontrent, et elles les conduisent dans leur habitation. Ces enfants y subissent un noviciat plus ou moins long, et, *dès qu'elles sont nubiles, elles sont fiancées au serpent* (1). »

Si nous en croyons Suétone, les dieux serpents de l'antiquité n'y regardaient pas de si près, et, à défaut de prêtresses vierges, ils se contentaient de matrones mariées et profanes. Cet historien rapporte en effet qu'Atia, mère de l'empereur Auguste, s'étant rendue une nuit (*in medià nocte*) dans le temple d'Apollon, elle s'y endormit sur sa litière, mais qu'elle ne tarda pas à être réveillée par un serpent qui s'était introduit près d'elle (*irrepsisse ad eam*), et qu'elle fut obligée de procéder à une purification (*purificasse se*), comme après un rapprochement conjugal (*quasi a concubitu mariti*). Suétone ajoute même qu'à dater de ce jour, Atia resta marquée d'une tache (*macula velut depicti draconis*) (2), si bien qu'elle dut désormais s'abstenir de paraître dans les bains publics (*ut mox publicis balneis perpetuo abstinuerit*) (3).

---

(1) Voy. *Le Tour du monde*, Paris, 1863, p. 97 et suivantes.

(2) D'après J. Carver, *Voyage dans l'Amérique septentrionale*, et traduit de l'anglais, Yverd., 1784, p. 355 et seq., et Crèvecœur (*Lettres d'un cultivateur américain*, t. III, p. 48), la morsure du serpent à sonnettes produit sur la peau de la personne mordue des taches semblables à la couleur du serpent, taches qui reparaissent annuellement.

(3) *In Asclepiadis Mendetis libris lego Atiam, cum ad solemne Appollinis sacrum media nocte venisset, posita in templo lectica, dum cæteræ matronæ dormirent, obdormisse; draconem repente irrepsisse ad eam pauloque post egressum: illamque expergefactam, quasi a concubitu mariti purificasse se: et statim in corpore ejus extitisse maculam, velut depicti draconis, nec potuisse unquam eximi, adeo ut mox publicis balneis perpetuo abstinuerit: Augustum natum mense decimo, et ob hoc Apollinis filium existimatum.* (Sueton. in Aug., c. 94.)

Selon Elien, une jeune fille étant entrée dans un temple de Diane, en Phrygie, un serpent sacré (*draco quidam sacer*) eut avec elle des rapports sexuels (*cum eâ coïvit*) (1).

Ainsi, dans l'antiquité, les serpents des temples de Diane et d'Apollon sont formellement signalés comme se livrant à des attouchements envers les femmes, et aujourd'hui, plusieurs auteurs, qui probablement n'avaient même pas connaissance des passages précités de Suétone et d'Elien, signalent encore les prêtresses de Widah comme *épousant les serpents!*

Comme bien on le pense, nous ne nous permettrons pas de nous prononcer sur un sujet si délicat, privé que nous sommes de renseignements suffisamment précis sur des rites dont le mystère est protégé à la fois par la religion et par la loi. Toutefois, nous inclinons à croire, avec le savant Bœttiger, que les serpents des temples antiques étaient dressés à certaines pratiques, *edocti ad hoc*, et nous ne serions pas éloigné de croire que quelque chose d'analogue se passe encore aujourd'hui dans le Dahomey. Cette hypothèse expliquerait à la fois le prétendu *mariage* dont parlent les voyageurs modernes, et les faits analogues mentionnés par les historiens anciens.

Voici comment s'exprime Bœttiger à propos des serpents familiers des dames romaines (2) : « On recevait ces favoris à table et même au lit (*und ins Bette*). Les dames d'un

---

(1) *Haliæ Sybaridis filiæ, cum in Phrygia lucum Dianæ ingressa esset, draco quidam sacer conspectu prægrandis apparuit, et cum eâ coïvit* (Ælian, lib. XII, cap. 39).

(2) *Sabina oder Morgenszenen im Putzzimmer einer reichen Römerin.* Lepzig, 1806, in-12, t. II, p. 188-189 (c'est-à-dire : Sabina, ou scènes matinales dans le boudoir d'une grande dame romaine).

tempérament un peu chaud (*von etwas hitzigem Temperament*) vantaient beaucoup la vertu rafraîchissante (*die kältende Natur*) de ces animaux. Elles portaient leurs serpents autour du cou en guise de collier, et elles se livraient avec eux à divers autres passe-temps (*und hatten sonst mancherley Kurzweil und Zeitvertreib mit ihnen*). Dès que Sabina étendait le bras, le serpent s'élançait vers elle des genoux de l'esclave, et, après mille caresses, elle assignait son sein au serpent comme place définitive, sous la tunique (*unter der Tunika*), où il produisait son action réfrigérante (*wo er wie ein Frostcondensator ausströhmte*). »

Après avoir rapporté l'aventure arrivée à la mère d'Auguste, Bœttiger ajoute : « Cette histoire permet de deviner beaucoup d'autres amusements usités avec ces charmantes bêtes (*lässt noch allerley anderes Spiel mit diesen Lieblingsthièren ahnen*) (1).

En rapprochant l'ensemble des faits qui se rattachent à la question dont il s'agit, on est conduit à admettre que les grandes dames de l'antiquité ne dédaignaient nullement ce genre d'amusement dont l'Olympe d'ailleurs avait donné l'exemple. N'est-ce pas, en effet, à l'état de serpent, *in draconem mutatus,* comme dit Arnobe, que Jupiter avait eu des rapports d'abord avec sa mère Rhea, et, plus tard,

---

(1) *Man nahm diese Lieblinge mit an Tisch ind ins Bette, und die Damen von etwas hitzigem Temperament rühmten die kältende Natur dieser Thiere ausserordentlich, liessen sie wie eine Halskette sich um ihren Nacken winden, und hatten sonst mancherley Kurzweil und Zeitvertreib mit ihnen. So wie Sabina ihre Hand ausstreckte, schlang sich der Drache aus dem Schoosse seiner Pflegerin an sie hinan, und sie wies nun dem schmeichelnden Liebling unter allerley Liebkosungen sein Ruhepldizchen an ihrer Brust, unter der Tunika an, wo er, zwischen dem Busen sich anschmiechend, eine angenehme Kühloung, wie ein Frostcondensator ausströhmte.* »

même avec sa fille Proserpine : « *cum ea quoque in hac forma draconis ?* » N'est-ce pas, d'autre part, aux familiarités de la reine Olympiade avec les dieux serpents qu'il faut rapporter la prétention qu'avait Alexandre d'être fils de Jupiter Ammon (1)? On le trouve souvent représenté, sur d'anciennes médailles, sous la forme d'un enfant sortant de la gueule d'un serpent, et ce précédent donna peut-être à l'empereur Auguste l'idée de se dire, à son tour, fils d'Apollon.

Le dieu serpent était loin d'ailleurs d'avoir le monopole des faveurs du beau sexe, dans le panthéon de l'antiquité. En Egypte, dit Montfaucon (*Antiq. Dieux des nations,* liv. I⁽ᵉʳ⁾), les dames se déshabillaient en présence du *taureau* Apis (très-improprement appelé *bœuf*), pendant quarante jours : « *Per hosce quadraginta dies, mulieres ipsum (Apim) adibant et conspiciebant.* » Dans la ville de Mendès, où la divinité s'incarnait dans la personne d'un bouc, les femmes étaient obligées de lui accorder leurs faveurs : *mulieres hirco huic se submittebant.* Les rapports du beau sexe égyptien avec le bouc de Mendès, attestés par Hérodote, Plutarque et Strabon, ont été résumés par le savant Jablonski dans son *Panthéon Ægyptiacum*, livre auquel nous croyons devoir renvoyer le lecteur.

Il est permis de croire que les dames juives ne restèrent pas étrangères à ce genre d'amusement, si nous en jugeons d'après l'insistance et la sévérité de Moïse à interdire et à punir certaines pratiques. «Vous prétendez, « disait avec raison Voltaire (*Dict. philos.*, art. JUIFS), vous « prétendez que vos mères n'ont pas couché avec des boucs,

(1) « *Gloriari non erubuit,* dit Camerarius (*Medit. hist.*, p. 4, c. 9). *Olympiadem matrem a dracone sub specie Jovis Ammonis compressam, ex illo se geni um esse.* »

« ni vos pères avec des chèvres? Mais dites-moi, messieurs,
« pourquoi vous êtes le seul peuple de la terre à qui les lois
« aient jamais fait une pareille défense? Un législateur so
« serait-il jamais avisé de promulguer cette loi bizarre, si
« le délit n'avait pas été commun?»

Au reste, il y a tout lieu de croire que la bestialité s'est
élevée autrefois à des proportions effrayantes et que le
christianisme seul nous fait paraître fabuleuses; nous
avons même de *très-graves raisons* pour admettre que, de
nos jours encore, cette abomination continue d'avoir son
cours parmi quelques populations de l'Europe que nous
nous abstiendrons de désigner. Le *Zohar* n'hésite pas à
attribuer à ce crime, en particulier, le châtiment du déluge
et la *déchéance des races*.

Sans doute il est permis de douter que les rapports
sexuels de l'homme et de la femme avec la brute puissent
être suivis d'une véritable fécondation, et plus encore de
la naissance de produits capables de se propager. Mais, si
l'on peut à juste titre reprocher aux anciens un excès de
crédulité sur ce point, de leur côté les modernes ne se
sont-ils pas trop pressés d'opposer à des affirmations très-
contestables sans doute, l'improvisation d'une négation *à
priori*, n'ayant d'autre base que l'opinion aujourd'hui re-
poussée par l'expérience, d'après laquelle tout rapprochement entre êtres d'espèce différente serait frappé d'infé-
condité?

On lit dans Pline : « *Indorum quosdam cum feris coïre,
mixtosque et semiferos esse partus.* » (*Hist. nat.*, liv. VII,
chap. II.) Plutarque est encore plus explicite en déclarant
que : « *Capras, porcas, equas inierunt viri, ac feminæ
insano amore mascularum bestiarum exarserunt. Ex hujus-
modi enim coïtibus modis sunt minotauri et sylvani seu
Egypanes, atque, ut mea fert sententia, etiam sphynges*

et centauri nati. » (*Bruta anim.*) Elien affirme qu'à
« Sybaris *capram de pecore suo amatam a juvene pas-
tore peperisse sylvanum brevi occisum ob invidiam arie-
tis.* » (*De natura animal.*, liv. VI, p. 41.) Le même auteur
ajoute : *Libidinosi vero cynocephali et hirci, quos vel cum
mulieribus rem habere nonnulli aiunt : et hoc admirari
Pindarus videtur. Canes etiam cum mulieribus veneris con-
suetudinem habere deprehensi sunt. Nam Romæ mulier
adulterii accusata a marito fuisse dicitur : adulter in ju-
dicio canis esse prædicabatur. Audivi cynocephalos ali-
quando virgines deperiisse, eisque vim intulisse, majori
quam adolescentes illi in Menandri Pannichydum fabula
libidine incitatur.* » (Ælianus, lib. VII, cap. xix.)

Elien continue en ces termes : « *Glaucam citharœdam a
cane amatam fuisse audio ; alii dicunt non a cane sed
ariete, alii ab ansere. Atque apud Salos, Ciliciæ civitatem,
puerum, cui nomen erat Xenophon, canis amavit, aliumque
adolescentem Spartæ ob speciem Graculus amovit* (liv. I⁰ʳ,
cap. xi).

Nous ajouterons que l'Eglise semble classer parmi les
révélations authentiques les paroles suivantes de sainte
Hildegarde : « *Hominis pulchram formam rationalitatis
« suæ mutantes, sese bestiis admiscebant, et quod sic genera-
« batur, si homini magis quam bruto animali assimila-
« retur, illud odio habentes negligebant ; si vero magis
« formam bruti animalis quam formam hominis haberet,
« osculo dilectionis amplectebantur..... Quidam autem
« pauci naturam suam humanam gustantes, nec se peco-
« ribus commiscentes, in natura sua recte et sobriè vive-
« bant* (1). »

---

(1) Sainte-Hildegarde, lib. div. oper., p. III., vis 8°, p. 966 ; *idem*, Migne. Conf. de Mirville, *op. cit.*, t. II, p. 348.

Une femme, accusée d'avoir eu des rapports avec son chien, et dont l'enfant avait paru tenir de cet animal par quelques traits de sa conformation, fut brûlée à Avignon en 1543, en compagnie de son amant quadrupède (1). Selon Bontius, les Javanais croient les orangs nés *e libidine mulierum indarum quæ se simiis miscent.* En plein XVIII siècle, Voltaire lui-même croyait encore que « des femmes enceintes *de la façon des singes* » avaient pu enfanter des espèces de satyres (2). »

En résumé, si les affirmations en faveur de la possibilité d'unions fécondes entre l'homme et la brute sont nombreuses, les preuves jusqu'ici ne le sont pas. Mais, il faut le reconnaître, la négation n'est pas plus avancée, et, comme nous l'avons dit, elle s'appuie sur une erreur, à savoir sur la prétendue non-fécondité des unions entre espèces différentes. Mais, en supposant même que, dans aucun cas, l'union de l'homme ou de la femme avec la brute ne puisse être suivie d'une véritable fécondation et de la naissance d'un produit vivant, qui oserait affirmer l'innocuité absolue de rapports sexuels habituels du genre dont il s'agit, et l'absence absolue de leur influence dans les produits d'une conception normale? Il ne serait pas impossible que, sous ce dernier point de vue, les rapports habituels de la femme, même avec le serpent, ne fussent pas complétement exempts de certains inconvénients. Nous nous sommes longuement étendu ailleurs (3) sur l'influence exercée chez l'homme

---

(1) *Una cum cane amasis vindicibus flummis facinis expiavit,* dit Licitus, dans son Traité *De Monstris,* livre presque classique jusque dans le XVII siècle, lib. II, cap. 58; édition d'Amsterdam, p. 186.

(2) Voy. *Les singularités de la nature* (sans nom d'auteur). Bâle, in-8°, p. 121. — Conf. J. Geoffroy-Saint-Hilaire, *Hist. nat. gén.*, t. III, p. 142.

(3) Voir dans notre mémoire *Sur la nécessité du croisement des fa-*

et chez les animaux par une première copulation, ce qui nous dispense d'insister ici plus longtemps sur ce point.

Conséquences pratiques du culte du serpent ; sacrifices humains. — Toute religion se traduit par des actes qui donnent la mesure de son influence sur la barbarie ou sur la civilisation des peuples comme des individus. Ainsi, de même qu'on a dit : dis-moi ce que tu manges, je te dirai qui tu es ; de même on pourrait dire, et même à plus juste titre : dis-moi ce que tu crois, je te dirai ce que tu fais. Ce qui est vrai de toutes les autres religions ne l'est pas moins du culte dont nous nous occupons. L'observation montre, en effet, que partout et de tout temps, et aussi bien à Widah qu'à Haïti, aux îles Viti qu'à Babylone, le culte du serpent a pour corollaire presque obligé les sacrifices humains. Un livre entier suffirait à peine pour exposer les faits nombreux qui établissent l'exactitude de notre proposition .Nous nous bornerons à citer ici seulement quelques exemples.

On lit dans le journal d'un Européen (1), qui a séjourné pendant six semaines, en 1860, à Abomey : « Arrivé à Tosso le 13 juillet, je reçois la visite d'une escouade du roi, accompagnant à Widah un cabécéro (officier), orné de tous ses attributs, et destiné à être noyé à l'embouchure de la rivière, afin que le fétiche continue d'attirer les navires du commerce, ainsi que pour porter au roi défunt des nouvelles de ce qui se passe au Dahomey. En expédiant ces sortes de messagers dans l'autre monde, on leur donne quelques piastres et une bouteille de tafia pour les frais de

---

milles (t. I des *Mémoires de la Société d'Anthropologie*, p. 538), le chapitre qui traite de l'influence d'une première conception, sur les conceptions ultérieures.

(1) Voy. *Ann. de la propag. de la foi*, t. XXXIII, n° de mars 1862.

route. Le 15, on vient me prévenir qu'il faut me rendre
sur la route d'Abomey, pour y attendre le passage du roi.
Celui-ci, après avoir sacrifié une cinquantaine de prisonniers, sort de son palais au bruit de la mousqueterie. Le 16,
un captif, fortement bâillonné, est présenté au roi par
Mingan, ministre de la justice, qui demande au prince
s'il a à charger le prisonnier de quelques commissions pour
son père. En effet, plusieurs grands du royaume prennent
ses ordres et les transmettent à la victime, qui répond affir-
mativement par des signes de tête. C'est chose curieuse à
voir que la foi profonde de cet homme, qu'on va décapiter,
à remplir la mission dont on le charge. Après lui avoir
remis, pour ses frais de route, une piastre et une bouteille
de tafia, on l'expédie. Deux heures après, quatre nouveaux
messagers partaient dans les mêmes conditions; mais
ceux-ci étaient accompagnés d'un vautour, d'une biche et
d'un singe bâillonné comme eux. Le 23, j'assiste à la no-
mination de vingt-trois cabécéros et musiciens qui vont être
sacrifiés pour entrer au service du roi défunt. Le 28, im-
molation de 14 captifs, dont on porte les têtes sur différents
points de la ville, au son d'une cloche. Le 29, on se
prépare à offrir à la mémoire du roi Guézo les victimes
d'usage. Les captifs ont un bâillon en forme de croix, qui
doit les faire énormément souffrir : on leur passe le bout
pointu dans la bouche, il s'applique sur la langue, ce qui
les empêche de la doubler, et par conséquent de crier. Ces
malheureux ont presque tous les yeux hors de la tête. Dans
la nuit prochaine, il y aura grand massacre. Les chants ne
discontinuent pas, ainsi que les tueries. La place du palais
exhale une odeur infecte. Quarante mille nègres y station-
nent jour et nuit au milieu des ordures. Le 30 et le 31,
les principaux mulâtres de Widah offrent leurs victimes,
qu'on promène trois fois autour de la place, au son d'une

musique infernale. La troisième ronde achevée, le roi s'avance vers la députation, et, tandis qu'il félicite chaque donateur, l'égorgement s'accomplit. Pendant ces deux dernières nuits, il est tombé plus de cinq cents têtes. On les sortait du palais *à pleins paniers*, accompagnés de grandes calebasses, dans lesquelles on avait recueilli le sang *pour en arroser la tombe du roi défunt*. Les corps étaient traînés par les pieds et jetés dans les fossés de la ville, où les vautours, les corbeaux et les loups s'en disputent les lambeaux, qu'ils dispersent un peu partout. Plusieurs de ces fossés sont comblés d'ossements humains. Les jours suivants, continuation des mêmes sacrifices. La tombe du dernier roi est un grand caveau creusé dans la terre. *Guézo est au milieu de toutes ses femmes qui, avant de s'empoisonner, se sont placées autour de lui, suivant le rang qu'elles occupaient à sa cour. Ces morts volontaires peuvent s'élever au chiffre de six cents.* Le 4 août, exhibition de quinze femmes prisonnières, destinées à prendre soin du roi Guézo dans l'autre monde. Elles paraissent deviner le sort qui les attend, car elles sont tristes et regardent souvent derrière elles. On les tuera cette nuit, d'un coup de poignard dans la poitrine. Le 5 est réservé aux offrandes du roi. Quinze femmes et trente-cinq hommes figurent, bâillonnés et ficelés, les genoux repliés jusqu'au menton; les bras attachés au bas des jambes et maintenus chacun dans un panier qu'on porte sur la tête. Le défilé dure plus d'une heure et demie. C'est un spectacle diabolique que de voir l'animation, les gestes, les contorsions de toute cette négraille. Derrière moi étaient quatre magnifiques noirs, *faisant fonction de cochers autour d'un petit carrosse destiné à être envoyé au défunt*, en compagnie de ces quatre malheureux. Ils ignoraient leur sort. Quand on les a appelés, ils se sont avancés tristement, sans proférer une parole; l'un d'eux avait deux grosses larmes qui perlaient sur ses joues. Ils ont été tués tous les quatre, comme des poulets, *par le roi en personne*. Les sacrifices devaient se faire sur une estrade construite au milieu de la place. Sa Majesté est venue s'y asseoir, accompagnée du ministre de la justice, du gouverneur de Widah et de tous les autres personnages du royaume, qui allaient servir de bourreaux. Après quelques paroles échangées, le roi a allumé sa pipe, a donné le signal, et aussitôt tous les coutelas se sont tirés et les têtes sont tombées..... Le sang coulait de toutes parts; les sacrificateurs en étaient couverts, et les malheureux prisonniers, qui attendaient leur tour au pied de l'estrade, étaient *comme teints en rouge*. Ces cérémonies vont durer encore un mois et demi, après quoi le roi se mettra en campagne pour faire de nouveaux prisonniers et recommencer sa *Fête des coutumes*. Vers la fin d'octobre, on abattra encore sept à huit cents têtes (1). »

Culte du serpent importé par la traite sur le continent américain et aux Antilles. — La traite, en transportant de la côte d'Afrique des millions de nègres en Amérique, y a importé aussi le culte du serpent, désigné dans cette partie du monde sous le nom de culte du *Vaudou*, qui probablement ne diffère pas notablement du culte africain dont il

---

(1) On lit dans le journal protestant *le Lien*, du 29 décembre 1860 : « Par le vapeur de la malle anglaise, *Athenian*, qui vient d'arriver à Liverpool, de la côte occidentale d'Afrique, on a des nouvelles de Lagos, du 10 novembre. Le roi de Dahomey continuait ses sacrifices humains en masse. Le nombre des malheureux déjà égorgés s'élevait à 1700, et un grand nombre encore attendaient un sort semblable, le roi considérant qu'il n'aurait pas suffisamment honoré la mémoire de son père, tant qu'il n'aurait pas sacrifié DEUX MILLE CINQ CENTS créatures humaines. Il avait retenu dix commerçants européens à Abomey pour assister à ce terrible spectacle. »

constitue une émanation évidente. Jusqu'ici, les principaux renseignements sur le culte du Vaudou nous sont venus de la Nouvelle-Orléans et d'Haïti.

A l'occasion d'une descente de police, faite dans une réunion de Vaudoux, à la Nouvelle-Orléans, le journal *l'Orléanais*, du 6 juillet 1850, publie les détails suivants : « Le serpent qui reçoit leurs adorations a la connaissance du présent, du passé et de l'avenir ; il communique ses volontés par l'organe d'un grand prêtre choisi parmi les sectateurs, et plus particulièrement encore par celui de la compagne que s'adjoint celui-ci en l'élevant à la dignité de grande prêtresse. Ces deux ministres, qui se disent inspirés par le serpent, inspiration dans laquelle les adeptes ont la foi la plus robuste, portent les noms pompeux de roi et de reine. Ce sont eux qui expriment la volonté du serpent pour ou contre l'admission du candidat dans la société, qui lui prescrivent ses devoirs et ses obligations. Leur résister, c'est désobéir au dieu lui-même et partant s'exposer aux plus sévères châtiments. Les réunions n'ont jamais lieu que secrètement, *pendant la nuit*, et dans un lieu bien clos, de manière qu'aucun regard profane ne puisse y pénétrer. Une fois réunis, les initiés mettent une paire de sandales et placent autour de leur corps des mouchoirs ordinairement rouges ; le roi Vaudou se ceint le front avec un mouchoir de la même couleur, qui lui sert de diadème ; il porte aussi un cordon bleu pour marque de sa dignité. Le roi et la reine se placent à l'une des extrémités du temple, près de l'autel sur lequel est une cage qui renferme le serpent. Lorsque l'on s'est assuré que nul curieux n'a pénétré dans l'enceinte, la cérémonie commence par l'adoration du serpent, qui consiste en protestations de fidélité à son culte et de soumission à ses volontés ; on renouvelle ensuite entre les mains du roi et de la reine le serment du secret, accompagné de tout ce que le délire a pu imaginer de plus horrible, pour le rendre plus imposant. Ensuite le roi et la reine, du ton affectueux d'un père et d'une mère, adressent à leurs bien-aimés enfants quelque touchante observation; ils leur vantent le bonheur sur lequel ont droit de compter tous ceux qui servent avec dévouement le Vaudou, et, comme étant ses interprètes directs, ils les engagent à mettre leur espoir et leur confiance en lui, et à lui en donner des preuves en leur demandant conseil sur la conduite à tenir dans toutes les circonstances difficiles. Alors, chacun selon son ordre d'ancienneté dans la secte, implore le Vaudou et lui expose ses vœux. Celui-là lui demande la faveur de toucher le cœur d'une insensible; celle-là désire rappeler à elle un amant infidèle; une autre demande une longue vie, la guérison d'une maladie, la réussite d'une affaire. Telle autre veut se venger d'une heureuse rivale. Enfin, toutes les passions et le crime lui-même, viennent exprimer leurs désirs et leurs vœux et solliciter l'appui du tout-puissant Vaudou. La reine monte sur la cage qui renferme le serpent et *ne tarde pas à se sentir pénétrée de l'esprit du dieu qu'elle a sous ses pieds; elle s'agite, éprouve dans tout son corps un tremblement convulsif; l'oracle parle par sa bouche.* Alors elle dicte des lois, trace à celui-ci sa conduite, encourage et promet le bonheur ou la réussite à celui-là, tonne en éclatant en reproches contre tel autre; ordres, remontrances, décisions, oracles, tout est accueilli religieusement. Lorsque l'oracle a ainsi répondu à toutes les questions, le serpent est replacé sur l'autel, et chacun lui offre son tribut, en déposant ses oblations dans un chapeau recouvert; le roi et la reine promettent de les lui faire agréer. Enfin, par un serment aussi exécrable que le premier, chacun s'engage à souffrir la mort plutôt que de rien révéler de ce qui s'est passé et même à la donner à celui qui violerait un serment aussi solennel. Alors commence la danse ; s'il y a un récipiendaire, elle s'ouvre par son admission. Le roi trace un grand cercle et y place celui qui veut être initié ; après lui avoir mis sous la main un pe'it paquet composé d'herbes et d'autres substances, il le frappe légèrement à la tête avec une palette en bois et entonne une chanson (*Eh! eh! bomba, hen! hen! etc.*), que répètent en cœur ceux qui environnent le cercle. Alors celui-ci se met à trembler et à danser, ce qu'on appelle *monter Vaudou.* Il boit souvent et continue à sauter et à s'agiter jusqu'à ce qu'il arrive aux convulsions, que le roi fait cesser en le touchant avec la main ou avec sa palette ; ensuite on le conduit à l'autel pour y faire le serment prescrit. Après cette cérémonie, le roi met le pied sur la cage qui renferme le serpent, et bientôt il reçoit une impression qu'il communique à la reine et que celle-ci transmet à tous les membres placés en cercle. Ceux-ci ne tardent pas à être en proie à la plus violente agitation ; ils tournent rapidement sur eux-mêmes et remuent si vivement la partie supérieure ou le corps, que la tête et les épaules semblent se disloquer ; ils ne s'arrêtent que pour prendre des liqueurs spiritueuses, et, en continuant ainsi, ils finissent, les uns par tomber de lassitude, d'autres en pamoison ou en défaillance, d'autres éprouvent une espèce de délire furieux, et chez presque tous il y a des tremblements nerveux qu'ils semblent ne pouvoir maîtriser. Nous n'essayerons pas de décrire ce qui s'y passe ; il est aisé de comprendre qu'à la suite de l'excessive surexcitation des sens qu'ont dû produire l'orgie et les bacchanales échevelées, l'assouvissement des désirs grossiers et des passions brutales et furieuses, dans ce hideux pêle-mêle des deux sexes, ne peut manquer de présenter le plus dégoûtant spectacle. »

Culte du Vaudou à Haïti. — Pour montrer tout le mystère dont s'entourent les pratiques de ce culte, il suffit de rappeler qu'il y a un an à peine, le président Geffrard, dans une conversation avec le nouvel archevêque Mᵍʳ du Cosquer, traitait de préjugé européen les soupçons exprimés par ce dernier sur l'existence du culte du Vaudou dans cette île. Quelques semaines après cette conversation, et après la perpétration d'un crime horrible, ce même président se trouvait contraint d'adresser, à la date du 5 mars 1864, la circulaire suivante à tous les commandants d'arrondissement (1) : « Général, un crime inouï dans nos annales a été commis à Bizoton, dans l'arrondissement du Port-au-Prince. Des cannibales, au nombre de huit, quatre hommes et quatre femmes, ont étranglé une malheureuse enfant, ont coupé son cadavre par morceaux et l'ont mangé en se livrant aux pratiques et aux sortiléges de la secte du Vaudou. Ils ont été jugés, condamnés à mort et exécutés en présence d'une foule immense, qui, par ses acclamations, a témoigné de son horreur pour ce crime. Il ne faut pas seulement punir de pareils forfaits, c'est un devoir impérieux pour l'autorité de les empêcher de s'accomplir, car un crime aussi horrible, s'il ne restait pas isolé, serait une honte pour le nom haïtien. La loi punit ceux qui se livrent à des pratiques ou à des sortiléges, soit pour faire croire à un crédit imaginaire, soit pour se faire remettre frauduleusement des sommes d'argent ; elle punit aussi ceux qui exercent illégalement la médecine ; enfin, elle punit également les réunions non autorisées et les tapages nocturnes. La plupart de ceux qui se livrent aux pratiques, aux sortiléges, aux réunions et aux danses de la secte du

_____

(1) Nous copions le *Moniteur haïtien* du 12 mars 1864.

Vaudou, tombent sous l'application de ces dispositions de la loi pénale. En conséquence, je vous invite à poursuivre sévèrement tous ceux qui, dans l'étendue de votre commandement, se livrent publiquement ou secrètement aux pratiques du Vaudou, à les faire arrêter et à les livrer à l'autorité judiciaire pour être jugés. Vous ferez aussi des recherches et des perquisitions dans tous les quartiers de votre commandement, à l'effet de saisir les objets et instruments servant auxdites pratiques et aux sortiléges, et vous les ferez déposer, comme pièces à conviction, au greffe du tribunal civil du ressort. J'exige de vous la sévérité la plus rigoureuse dans l'exécution des ordres ci-dessus, et je vous tiendrai responsable de toute négligence dans cette exécution. Je compte donc sur votre concours intelligent et éclairé, et comme revêtu de toute ma confiance, pour m'aider avec fermeté à faire disparaître de notre sol ces derniers vestiges de l'esclavage et de la barbarie, et à remplacer ces pratiques par le culte du vrai Dieu. »

Voici, d'après le journal *l'Opinion nationale* du 26 mars 1864, les faits qui ont provoqué la circulaire qui précède : « C'était au milieu du mois de décembre dernier, à Bizoton, aux portes mêmes de la capitale de la république d'Haïti. Un individu, nommé Congo Pellé, *reçut du dieu Vaudou l'ordre* (1) de lui faire un sacrifice humain. A ce prix, la fortune devait visiter sa pauvre demeure. De concert avec sa sœur, Jeanne Pellé, il résolut d'immoler à la couleuvre sa propre nièce, la petite Claircine, fille de Claire Pellé, et âgée de sept à huit ans. La jeune fille fut conduite, le 27 septembre, chez un nommé Julien Nicolas, qui, secondé

---

(1) M. A. Bonneau, auteur de l'article cité de *l'Opinion nationale*, oublie de dire par quel mécanisme, par quel procédé, l'ordre dont il s'agit fut donné.

par d'autres adeptes, Floréal, Guerrier, la femme Bégard,
lui lia les bras et les jambes. Claircine fut alors transportée
dans la maison de Floréal et déposée dans un lieu mystérieux, appelé *humfort* dans le langage des initiés. Elle y
resta quatre jours, et le mercredi 30 décembre, à dix heures
du soir, la victime fut de nouveau portée chez Congo
Pellé. L'heure de l'affreux sacrifice avait sonné. Jeanne
Pellé saisit sa nièce par le cou et l'étrangle pendant que
Floréal lui presse les côtes et que Guerrier lui tient les
pieds. Le cadavre est étendu sur le sol, et Floréal l'écorche
avec un couteau, après lui avoir coupé la tête. Cette opération à peine terminée, Jeanne Pellé, Floréal, Guerrier,
Congo, Néréine, femme de Floréal, Julien Nicolas et les
femmes Roséide et Bégard se précipitent sur la victime,
dévorent ses chairs encore palpitantes, et boivent son sang
encore chaud. Après cet horrible festin, les cannibales se
rendent chez Floréal avec la tête de la pauvre Claircine, la
font bouillir avec des ignames, et en mangent les parties
charnues. Le crâne ainsi dépouillé est placé sur un autel :
Jeanne agite une clochette, et les adeptes exécutent une
danse religieuse, tournant autour de l'autel en chantant
une chanson sacrée, qui probablement n'était autre que le
fameux hymne Vaudou :

> Eh! eh! bomba! hen! hen!
> Canga bafio tè!
> Canga mounè de lè,
> Canga de ki la
>   Canga li!

« La cérémonie terminée, la peau et les entrailles de
Claircine furent enterrées près de la maison de Floréal. On
avait déjà recueilli dans des vases, qui devaient être pré-
cieusement conservés, ce qui restait du sang de la victime. Quant aux os, ils furent pulvérisés, car la cendre

devait en être également conservée. L'œuvre sainte était accomplie, et les adorateurs de la couleuvre se séparèrent en se donnant rendez-vous pour le 6 janvier, *jour des Rois*, où ils devaient faire un nouveau sacrifice. La victime, cachée chez Floréal, n'attendait plus que le couteau sacré : c'était une jeune fille nommée Losuma, que Néréine avait volée sur le grand chemin de Léogane. La justice fut heureusement avertie, et les anthropophages, condamnés à mort par le jury, ont été exécutés le 6 février. »

Quelques détails sur le culte du Vaudou.—En présence des terribles menaces prononcées contre les révélateurs, on comprend qu'il ne soit pas toujours facile de pénétrer les mystères de ce culte. A ce titre, on ne trouvera peut-être pas dépourvue d'un certain intérêt la relation suivante d'un officier de marine, témoin oculaire d'une scène de Vaudou à Haïti (1) :

« Nous avions mouillé aux Gonaïves, petite ville entre Port-au-Prince et le cap Haïtien. J'étais très-incrédule à l'endroit de ces récits que l'on prodigue toujours aux nouveaux débarqués. Voulez-vous vous convaincre par vous-même? me dit un prêtre à qui j'avais avoué mon incrédulité; il y a précisément une assemblée ce soir; je le tiens d'un nègre qui est venu tout à l'heure se confesser et me demander ce qu'il avait à faire pour esquiver l'ordre qu'il a reçu. Partons; il fait encore jour. Après une heure de marche dans le lit d'une rivière où il ne restait plus qu'un filet d'eau, nous arrivâmes à une place circulaire entourée de hauts bambous. Leurs cimes, en se recourbant, avaient fini par se rejoindre et former une voûte naturelle pleine

---

(1) P. Dhormois, *Une visite chez Soulouque, souvenirs d'un voyage dans l'île d'Haïti.* Paris, 1849, p. 42.

d'ombre. C'était un endroit merveilleusement choisi pour un conciliabule de démons. Des quartiers de roches entraînés par les pluies torrentielles jonchaient le sol ; de gros troncs d'arbres, tombés pêle-mêle sur la rive et à moitié couchés sur les lianes, semblaient d'énormes reptiles assoupis. La nuit qui tombait achevait de donner au tableau des teintes fantastiques. Rien ne manquait à l'horreur de ce spectacle, pas même un gros caïman qui, le corps à moitié hors de l'eau qu'il battait de sa queue, achevait d'engloutir un petit marcassin. La truie, furieuse, remplissait non loin de là l'air de ses grognements désespérés, tandis qu'une myriade de lucioles, s'enlevant du sol ou y retombant, semaient autour de nous une pluie d'étincelles. Nous nous couchâmes de notre mieux dans le feuillage épais d'un arbre d'acajou et nous attendîmes. Le ciel était couvert de gros nuages noirs et le vent soufflait avec violence. Nous étions plongés dans la plus complète obscurité, n'osant plus dire un mot, car nous pouvions être entendus. Je ne suis pas plus poltron qu'un autre, mais une sueur froide me coulait du front et un tremblement nerveux faisait claquer mes dents. Tout à coup, nous entendîmes une espèce de murmure qui alla en augmentant, et peu à peu nous pûmes distinguer un chant étrange, à mesure saccadée, entrecoupé de notes perçantes et de sons rauques. Autant sont d'ordinaire gracieux et pleins d'un charme plaintif ces airs à mélodie si douce qu'on retrouve dans toutes les Antilles, autant celui-là était sauvage : il évoquait des pensées de meurtre et de sang. Nous écoutions cette terrifiante mélopée, lorsqu'un éclair, précédant une épouvantable explosion de la foudre, vint éclairer la scène pendant quelques secondes. Nous aperçûmes à nos pieds un grand cercle formé par une quarantaine de personnes qui tournaient en se tenant par la main. Au milieu étaient placés un petit enfant que je crois voir encore, une chèvre noire et deux ou trois autres animaux que je n'eus pas le temps de distinguer. Tout retomba dans l'obscurité ; le chant continua quelque temps, puis un profond silence se fit. J'entendais battre mon cœur dans ma poitrine ; à chaque instant je craignais d'entendre aussi les cris du petit être que j'avais entrevu. Au bout d'un quart d'heure, une flamme légère commença de briller. Bientôt ce fut un grand brasier au-dessus duquel était suspendue une chaudière. Quelques hommes cassèrent des branches de l'arbre à résine et les plantèrent en terre, après les avoir allumées. A l'aide de cette clarté, je cherchai l'enfant à la place où je l'avais vu ; il n'y était plus. On voyait seulement la chèvre noire, un gros coq blanc *et une couleuvre*. Je n'avais entendu aucune plainte, aucun cri. J'espérais que la pauvre créature n'avait pas été immolée ; je fus bientôt détrompé.

« Un vieillard s'écria à trois reprises différentes : « Maintenant, il est temps d'immoler un cabri noir », et tous les affiliés, se prenant par la main, se mirent de nouveau à tourner et à répéter le chant que nous avions déjà entendu. Souvent le cercle s'ouvrait, et le vieillard, suivi de tous les assistants, formait une longue file qui marchait en décrivant des figures bizarres. On eût dit un *énorme serpent* se roulant et se déroulant en anneaux capricieux, mais renfermant toujours dans ses replis les animaux qui se trouvaient d'abord au centre de cercle. Je remarquai même que la chèvre, qui bêlait et s'agitait au commencement, resta bientôt immobile. Lorsque le prêtre s'approcha d'elle et lui ouvrit la gorge, elle ne fit aucun mouvement, ne poussa aucun cri. Le chef recueillit le sang dans un vase, le porta à ses lèvres et le passa à son voisin de droite qui l'imita. Il jeta la graisse et les entrailles dans le foyer, les quartiers dans la chaudière ; après quoi il prit une des femmes, et chaque initié en fit autant. Alors commença une de ces scènes dont le récit ferait rougir nos matelots eux-mêmes. Ils égorgèrent ensuite le coq, et les mêmes saturnales recommencèrent. A ce moment, le prêtre du serpent s'arrêta : « Mes amis, s'écria-t-il, il y a près de nous des profanes : qu'ils sachent que je les vois, bien qu'ils se croient cachés. S'ils ne se montrent d'eux-mêmes à l'instant, j'irai les chercher, et ils serviront de victimes expiatoires. »

« Ne bougez pas, murmura mon compagnon ; je soupçonne fort ce vieux drôle de débiter ces paroles à tout hasard, pour savoir s'il n'est observé par personne. » — Le vieillard proféra une seconde fois son apostrophe menaçante, mais il eut à peine le temps de l'achever ; le tonnerre, qui grondait depuis le commencement de cette scène, éclata avec un bruit épouvantable, et une pluie diluvienne fondit sur l'assistance. La tourmente dura à peu près une demi-heure, déracinant les arbres et versant des torrents d'eau. Quand le ciel s'éclaircit, la lune venait de se lever. La place était déserte ; trois ou quatre individus, groupés autour de la chaudière et du foyer éteint, regardaient la rivière devenue torrent, et qui se précipitait contre la rive escarpée. Tout à coup, le sol, miné par les eaux, s'abîma sous leurs pieds avec un bruit sourd semblable à celui d'un tremblement de terre ; hommes, autel, chaudière, tout disparut dans le gouffre. Quelques cris d'angoisse montèrent jusqu'à nous ; puis, à la place où s'était passée cette diabolique cérémonie, nous ne vîmes plus rien que l'eau, dont les tourbillons, à la clarté de la lune, ressemblaient à un lac de plomb bouillant. Nous restâmes ainsi toute la nuit sans oser sortir de notre retraite. Quand le jour levant nous eut rendu un peu d'assurance, la rivière avait repris son cours. Nous aurions pu croire que nous sortions d'un mauvais rêve. Mais en arrivant aux Gonaïves, nous aperçûmes un grand rassemble-

ment sur la plage, à l'embouchure de la rivière. Une né-
gresse qui passait nous dit que la mer venait de rejeter sur
le sable deux cadavres et un bras d'enfant. »

Conclusions. — Il résulte de l'ensemble des faits qui précèdent, 1° que le culte du serpent est indépendant de toute
influence ethnique ; 2° qu'il a existé chez un grand nombre
de peuples de l'antiquité ; 3° qu'on en a retrouvé des traces
en Amérique, au XVI° siècle, lors de la découverte de ce
continent ; 4° que ce culte existe encore aujourd'hui chez
plusieurs peuples de l'Asie, de l'Amérique, de l'Océanie et
de l'Afrique ; 5° qu'il a été importé parmi les populations
nègres de l'Amérique sous l'influence de la traite.

ERRATUM.

Page 40, ligne 29. *Au lieu de* : Augustiones, *lisez* : Angustiores.

www.ingramcontent.com/pod-product-compliance
Lightning Source LLC
Chambersburg PA
CBHW070901280326
41934CB00008B/1535